Stefan Zweig –
Triumph und Tragik

Aufsätze, Tagebuchnotizen, Briefe

Herausgegeben von
Ulrich Weinzierl

W0066079

Fischer Taschenbuch Verlag

Originalausgabe
Veröffentlicht im Fischer Taschenbuch Verlag GmbH,
Frankfurt am Main, Februar 1992

© 1992 Fischer Taschenbuch Verlag GmbH, Frankfurt am Main
Alle Rechte vorbehalten
Umschlaggestaltung: Buchholz / Hinsch / Hensinger
Gesamtherstellung: Clausen & Bosse, Leck
Printed in Germany
ISBN 3-596-10961-2

Inhalt

Vorwort

Anno 1981, pünktlich zur Zentenarfeier, erschien das Taschenbuch ›Der große Europäer Stefan Zweig‹. Der Herausgeber, Hanns Arens, hatte Zweig 1920 im Alter von 19 Jahren kennengelernt und, so berichtet er, »den Dichter mit der ganzen Leidenschaft« seines »jungen Herzens« verehrt. Die Verehrung sollte ein Leben lang währen. Kein Wunder deshalb, daß Arens' verdienstvolle Sammlung in einer früheren Ausgabe noch ›Stefan Zweig. Im Zeugnis seiner Freunde‹ (1968) hieß, sind doch darin lauter schöne Dokumente persönlicher Zuneigung und literarischer Hochschätzung – von Max Brod über Hermann Kesten und Thomas Mann bis zu Franz Werfel – enthalten. Fürwahr, ein würdiges, ein makelloses Porträt, das Zweigs Tätigkeit und Rang ebenso farbenfroh wie detailgenau wiedergibt.

Ein halbes Jahrhundert nach des notorischen Bestsellerverfassers tragischem Tod, der im Februar 1942 weltweit Aufsehen erregt hatte und für manchen Mitexilanten »in seiner Wirkung fast dem Fall von Singapur gleichkam« (Heinrich Eduard Jacob), darf ein Berufungsverfahren im Prozeß der Geschichte die Causa Stefan Zweig freilich ein bißchen differenzierter bewerten, obwohl 1992 auch und gerade in der österreichischen Heimat des Schriftstellers die Feste jubiläumsmäßig gefeiert werden, wie die Prominenten gestorben sind, also das »Stefan Zweig-Jahr« stattfindet. Insbesondere die Landeshauptstadt Salzburg, die Zweig zwischen 1919 und 1934 beherbergte, setzt mit beträchtlichen Mitteln auf den verblichenen Gast, immerhin das »zweite kulturelle Standbein neben Mozart«: Unter vielen anderen Aktivitäten wurde auch die Gründung einer internationalen Stefan Zweig-Akademie beschlossen. Fern sei es von uns, solch vergangenheitsfreudige und zukunftsträchtige Stimmung zu trüben, zumal da gewiß eine Menge Versäumnisse gutzumachen wären. Trotzdem kann es kaum schaden, daran zu erinnern, daß Zweig – der Mann und sein Œuvre – von den Zeitgenossen durchaus ambivalent gesehen wurde. Aufrichtig und somit unbarmherziger gesagt: Der außerordentlich populäre und hilfreiche Stefan Zweig, rechtens als »Genie der Freundschaft« bezeichnet, zählte in Wirklichkeit – zumindest unter seinesgleichen – zu den best-gehaßten Literaten der Epoche, und nicht nur aus der Sicht des Antise-miten Erwin Guido Kolbenheyer, der noch 1958, da das Dritte Reich schon eine Weile vergangen war, ungeniert zu behaupten wagte, Zweig sei auf die »typischen Reaktionen des Weltjudentums eingestellt« ge-wesen, und überhaupt werde ihm eine Position auf dem Parnaß zuge-billigt, die »seinen Leistungen nicht angemessen« sei. Lag dem weit verbreiteten Phänomen bloß eine Art Neidkomplex dem überaus Er-folgreichen gegenüber zugrunde? Ja und nein. Denn die Ursachen sind sicher auch im zwiespältigen Charakter von Zweigs Persönlichkeit und enorm produktivem Schaffen zu suchen. In dem Sinn versteht sich die-ser Band als Ergänzung zu Arens' amikaler Anthologie, aus der bewußt kein einziger Aufsatz nachgedruckt wurde, weil glücklicherweise an freundschaftlichem Zuspruch renommierter Kollegen kein Mangel herrscht. Wer allerdings hinter die Fassade öffentlicher Kundgebungen blickt, der findet auch eine Fülle reservierter, abfälliger, ja verächtlicher Urteile. Sie gehören zu Stefan Zweig wie sein Weltruhm, den ihm nie-mand zu nehmen vermag, selbst der gehässigste Kritiker nicht.

Unsere Auswahl vereinigt die verschiedensten Ausdrucksformen: er-griffene und abwägende Rezensionen, Glossen und polemische Essays, Glückwunsch- und Gedenkartikel und Nekrologe, Auszüge aus Me-moiren, Briefen und Diarien, wobei offizielle und inoffizielle Äußerun-gen manchmal einen bemerkenswerten Kontrast bilden.

Als thematische Schwerpunkte wurden – außer dem vielfältigen Echo auf den spektakulären Doppelselbstmord in Petropolis am 22. Februar 1942 – einige wesentliche Zweig-Titel gewählt, darüber hinaus aber auch politische Kontroversen rund um seine so auf Friedfertigkeit be-dachte Existenz. Was der vorsichtige Bürger Zweig zum Beispiel über die Sowjetunion und den Kommunismus mitzuteilen hatte, verdient heute noch Beachtung, nicht minder als die Tatsache, daß er sich in ideologisch-taktischen Fragen naturgemäß, seiner Natur gemäß, stets zwischen sämtliche Stühle setzte – und seien es die der antifaschisti-schen Emigration.

Innerhalb der Zusammenstellung waltet das – durch inhaltliche Rück-sichtnahmen gemilderte – Prinzip der Chronologie, so daß sich beinah eine Rezeptionsgeschichte im Kleinformat ergibt. Zur Orientierung des Lesers steht am Ende eines jeden Beitrags, sofern dieser nicht ohnehin datiert ist, das Entstehungs- oder Publikationsjahr vermerkt, dem jedoch etwa bei Erinnerungen keine tiefere Bedeutung für die zitierte Passage zukommt. Auslassungen im Text wurden durch drei Punkte in eckiger Klammer gekennzeichnet. Beim Abdruck von Brief- und Tagebuchstellen wurden Eigenheiten der Orthographie und der Interpunktion beibehalten.

Was hier unter der Devise »Triumph und Tragik« versammelt ist, sind nicht mehr als Splitter, die in der Gesamtschau bei aller Verzerrungstendenz vielleicht ein schemenhaftes Spiegelbild vermitteln können. Dieses Bild verblaßt aber völlig vor jenem anderen, seit geraumer Zeit in einschlägigen Veröffentlichungen reproduzierten. Ein Photo der brasilianischen Polizei vom 23. Februar 1942 zeigt das tote Ehepaar. Stefan Zweig, im Hemd mit sorgsam gebundener Krawatte und den Mund stumm geöffnet, liegt auf dem Rücken, Lotte Zweig – ihren Mann umarmend – halb auf ihm. Es ist eine der schamlosesten und zugleich unvergeßlichen Ewigkeitsmomentaufnahmen aus der Ära Adolf Hitlers. Wer ihren Schrecken und die Tragödie eines vertriebenen, eines heimatsüchtigen Kosmopoliten begreifen will, braucht kein weiteres Beweisstück.

Wien, im Sommer 1991   Ulrich Weinzierl

Das Licht der Welt

Stefan Zweig war nicht wie ich ein Sohn oder Bruder, obgleich er seinen Eltern und seinem Bruder anhing, sondern ein junger Herr, der sich eine kleine Wohnung in der Kochgasse mit Geschmack eingerichtet hatte. Ein Diener von höflicher Gemessenheit leitete den Gast in einen Salon mit rotledernen Fauteuils und wenigen Bildern, von denen mir eine überaus schöne Zeichnung William Blakes, das tiefblickende Haupt von Shakespeares König Johann darstellend, unvergessen geblieben ist. Aus einer Nebentür trat, beweglich, geschmeidig, lächelnd, der jugendliche Gastgeber ein, und sogleich war das Gespräch, das er führte und beherrschte, von der aufschließendsten Anregsamkeit.

Schon damals hatte er Welt. Seine Reisen nach Frankreich, Belgien, Italien hatten ihm früh eine Überschau Europas ermöglicht, dessen hauptsächliche Sprachen er las und sprach; dem Übersetzer Verlaines, Baudelaires, Verhaerens waren andere Schönheiten als die der deutschen Dichtung aufgegangen; Weltliteratur, wie Goethe sie vorausnahm, schwebte ihm als höchster Besitz vor; er verband einen schönen knabenhaften Enthusiasmus mit Klugheit, ja Scharfsinn, eine noch schönere Ehrfurcht vor dem Vollendeten, Musterhaften, mit Neugier nach Ursachen und Begründungen; er verstand es, das Besondere herauszufinden, von dem ein Allgemeines abgeleitet werden konnte; worauf kein anderer gekommen wäre, das lag ihm zutage; noch nie hatte ich ähnlich eindringliche Gedanken vernommen; es erwies sich, daß er mich nicht nur an Kenntnis und Urteil, Umsicht und Klarheit, auch an Leidenschaft, an Begeisterung weit übertraf. Er redete, las vor, zeigte mir Verse von Verhaeren, die er gerade übersetzte, pries diesen großen Dichter vor allem als den Mund der Zeit, und während ich neben ihm stand, die französischen Worte, die er schnell herablas, mitüberblickend und kaum folgend, sah ich keine andere Möglichkeit als die, der Empfangende zu bleiben, was seine großzügige Weise des Gebens nicht bloß leicht, sondern auch zur Freude zu machen wußte.

Aber er war kein Literat: er liebte das Leben, und darum liebte er

13

Verhaeren, Lemonnier, Belgien, Frankreich. Früh am Morgen ritt er im Prater aus; sein Reichtum gestattete ihm, sein äußeres Dasein nach seinen Wünschen zu führen; seine Bescheidenheit und Besonnenheit ließen ihn mühelos Maß einhalten: er gab seine Mittel für eine großartige Sammlung von Handschriften, seine Bücher und für die Unterstützung Bedürftiger aus. Was er für andere tat, wird nie gewürdigt werden können; seine Linke wußte nicht, was seine Rechte zu spenden nicht ermüdete.

Schon bei meinem ersten Besuch in der Kochgasse fühlte ich, daß ich ihm nie würde von einer andern als einer persönlichen Bedeutung sein können. Was er über die zeitlichen Aufgaben der Dichter äußerte – wie Verhaeren müsse der moderne Dichter die Gestaltungen der Zeit, vor allem ihre technischen und gesellschaftlichen Errungenschaften feiern –, erachtete ich als dem Sinn der Poesie entgegen. Ich verharrte bei meiner Auffassung eines zwar nicht zeitlosen, was unmöglich wäre, auch nicht zeitfernen, aber überzeitlichen Dichteramts. Welt, nicht Zeit, ist der Gegenstand des Dichters. In Hofmannsthals Gedichten ehrte der Geist der Poesie die Welt; in denen Dehmels genoß er, zu oft, großartig, aber abtrünnig, die verwesende Zeit.

Auch dem Internationalismus, den der Weitgereiste rühmte, vermochte ich, der noch kein fremdes Land gesehen, nicht beizupflichten. Ich wollte ein österreichischer, ein deutscher Dichter sein und bleiben und mich mit Grillparzers Bekenntnis zu den Klassikern gern bescheiden. Wenn Stefan Zweig meinte, man könne sich an einen Roman erst heranwagen, nachdem man das Leben so durchaus kennengelernt, daß man sogar um die Preise der Waren wisse, wie Balzac alles gewußt habe – er schrieb damals seinen ersten Essay über Balzac –, so hielt ich ihm innerlich vor, daß die Phantasie auch noch ein Anrecht auf uns bewahre, und ließ mich in meinem Entschluß, selbst einen Roman zu verfassen, den ich ›Der Schatten des Todes‹ nennen wollte, nicht entmutigen.

In Stefan Zweigs Gedichten, deren manche, wie die schönen auf Bruegge, ich auswendig kannte, schwebte eine Schwermut ohne Schwere, wie sie damals allen in Wien ersonnenen Versen eignete. Aber davon verriet sein Gebaren kaum eine Andeutung. Viel sprach er von Frauen, und ich, der noch nie ein Mädchen geküßt und überhaupt wähnte, daß unser Gefühl für Frauen unserer Geheimnissphäre zugehörte, errötete oft über gewisse Reden, die eine törichte Scheu in mir verletzten. (1949)

Aus der ›Fackel‹

Herr Zweig ist ein Formtalentchen.
(1904)

Arthur Schnitzler »Meister« zu nennen, möge Herrn Zweig überlassen bleiben, der es mit Recht tut, nicht ohne die beruhigende Zusicherung zu geben, daß seine Generation, wiewohl sie »anderes wolle«, die frühere nicht entwurzeln werde. Was sie will, die Generation des Herrn Zweig, weiß ich, und Herr Zweig weiß es auch. »In unserer Zeit, da die Kunst sich gern der Popularitätssucht, der Geldverdienerei, der Journalistik und Gesellschaftlichkeit kuppelt«, sei der Anblick Schnitzlers erfreulich. Nichts lenke mehr »von der Vista auf die Werke ab, als jene kleinen Unsauberkeiten des Charakters, die uns die Indiskretion der Nähe leicht preisgibt«. Herr Zweig kennt sich aus und hat ganz recht, wenn er Schnitzler von dem Drang zur Geldverdienerei, zur Journalistik und zur Gesellschaftlichkeit ausnimmt. Es ist nur die Frage, warum die neue Generation, die dazu inkliniert, die es weiß, und die ihr Ende bei der ›Neuen Freien Presse‹ voraussieht, sich nicht lieber umbringt, und was Schnitzler anlangt, so ist gewiß zum Lob seiner Person zu sagen, daß er sich nie um jene zweifelhaften Subsidien mangelnder Persönlichkeit umgesehen hat, sondern daß sie zu ihm gekommen sind.
(1912)

Die Verlassenschaft Verhaerens
Aus dem k. k. Handelsregister.
Die Firma M. Zweig, mechanische Weberei in Ober-Rosenthal bei Reichenberg, mit Niederlassung in Wien, I. Esslinggasse 13, hat Dr. S t e - p h a n Z w e i g, Schriftsteller in Wien, als Teilhaber aufgenommen.
(1917)

An Anton Kippenberg

Rodaun d. 23 XI 06

[...] Was den sogenannten Bauernfeldpreis betrifft, dessen Verleihung an den Herrn Zweig Sie mir erwähnen, so dürfte sich Ihnen die Bemessung dieser Thatsache durch die örtliche Distanz erschweren. Diese Stiftung hat sich im Geist einer ganz besonders albernen Wiener Kunstpolitik hinlänglich kompromitiert und überdies hat Herr Z. keineswegs den B. Preis bekommen, welcher gar nicht verliehen worden ist sondern eine Ehrengabe daraus, welche bescheidene Auszeichnung er mit 8 anderen Individuen sechsten Ranges theilt. Es liegt also nicht einmal ein äußerlicher Anlaß vor die Valeur dieses Literaten anders einzuschätzen.

Aus den Tagebüchern

28/5/08 Dr. Stefan Zweig kennen gelernt; sehr sympath. kluger junger Dichter. Über Rilke's Lebenskunst; über Religiosität. Zweig behauptet »religiöse« Menschen zahlreich draußen gefunden zu haben (Frau Verhaeren). – Seine Autographen- und Mscrpt.-sammlung. Er ersucht mich um Mscrpte. und zeigt sich sehr geärgert, dass ich gerade in der letzten Zeit die Mscrpt. von Sterben und Garlan verbrannt. Er hat vor nicht langer Zeit einen ganz privaten Brief von mir gekauft. Hugo's und meine Briefe werden augenblicklich 3–4 Kronen gehandelt. –

An Stefan Zweig

Wien XVIII. Sternwartestrasse 71
2. 12. 1914.

[...] Ich hatte heute den sonderbaren Traum, dass ich mit Ihnen in einem offenen Fiaker auf erhöhter Strasse durch eine irgendwie orientalische Stadt fuhr; Sie transportierten mich nämlich nach Sibirien, was ein wenig dadurch gemildert war, dass der Weg zuerst durchs Helenenthal führen sollte. Ich war nur auf sechs Monate verbannt, hatte aber den leisen Verdacht gegen Sie, dass Sie mich für immer dort lassen wollten. Im übrigen sahen Sie, was eine allgemein bekannte Tatsache war, einem Grafen Schönstein wie einem Zwillingsbruder ähnlich. Dieser Graf wurde auch irgendwie sichtbar, sah Ihnen natürlich gar nicht ähnlich, hatte einen offenen Ueberzieher mit Pelz, trug einen Zwicker und sah verdrossen drein. Nun deuten Sie!

Herzlichst grüssend   Ihr
                                                    Arthur Schnitzler

An Anton Kippenberg

Bad-Aussee, am 22. Juli 1915

[...] Ihren Wunsch Herrn Z. zur Mitarbeiterschaft aufzufordern, erfülle ich einerseits gern, weil es Ihr Wunsch ist, andererseits, wie Sie richtig annehmen, mit Überwindung. Mir wäre der Gedanke, diesen Herrn gerade für einen österreichischen Almanach heranzuziehen nie im Traum eingefallen. Nichts erscheint mir weniger österreichisch, als solche *Wiener* Litteratenfiguren. Ich möchte in Parenthese bemerken, daß ich weitaus den größten Teil unvergleichlich namhafterer lebender österreichischer Litteraten in diesem Almanach mit Absicht unvertreten lasse. Es handelt sich doch um ganz etwas anderes, als um eine Anthologie lebender Schriftsteller. Ich nenne von denen, die unvertreten sein werden, nur Rosegger, Ebner-Eschenbach, Schönherr, Schnitzler, Altenberg, Auernheimer, Handel-Mazetti, Salten, noch viele andere, die mir nicht einfallen. Alles weit namhaftere Schriftsteller als Z. Aber ich weiß einen ganz guten Ausweg. Ich werde ihn in sehr freundlicher Form bitten, mir entweder ein Stück Prosa über slawische (österreichische) Litteratur, oder etwas über österreichische Heerestaten 1914/15 zu geben, so wird seine Eitelkeit befriedigt sein und mir erspart bleiben etwas völlig distonierendes litteratenhaftes in dem Almanach mitzuschleppen.

Stefan Zweig 1915–1929

Es wäre für die Leser dieses Tagebuchs verlockend, Intimes aus dem Leben eines der meistgelesenen Autoren zu erfahren. Doch hier fühle ich eine unüberwindliche Hemmung; ich bin mit Stefan Zweig seit 1915 befreundet und würde gern von ihm erzählen, doch ist es mir, als stünde ich da plötzlich vor einer verbotenen Tür.

Stefan Zweig hatte sich mit einem Stacheldraht umgeben, der den Zugang zu seinem Inneren verwehren soll. Seine beinahe krankhafte Scheu vor jeder Berührung mit der Außenwelt grenzte an Neurasthenie. Wenn ich Begegnungen, Gespräche, Worte, die ich nicht vergessen habe, hier aufzeichnen wollte, würde Zweig dies als ein brutales Zerreißen des Stacheldrahtes empfinden.

Und doch: Beim Rückblick auf Österreichs Geisteswelt kann man an diesem hervorragenden Repräsentanten nicht vorübergehen.

Leider muß man alles Persönliche, das eigentlich für ein Porträt Stefan Zweigs unentbehrlich wäre, ausschalten.

1915. – Seit Kriegsbeginn hatte ich begonnen, für die vergessenen Pflichten der Humanität einzutreten. So veröffentlichte ich einen Artikel, der die Aufmerksamkeit auf das Elend der aus Galizien vertriebenen Flüchtlinge lenken sollte. Als man für die von den deutschen Armeen in Belgien gemarterten Kinder Hilfskomitees gründete, forderte ich in einem Aufruf, daß dasselbe auch für die jüdischen Kinder in Polen geschehen müsse, deren Schicksal die meisten gleichgültig ließ.

Am nächsten Tag erhielt ich einen Brief von Stefan Zweig, den ich persönlich nicht kannte. Dann kam er selbst. »Sie müssen«, sagte er, »Ihre Artikel gesammelt herausgeben. Sie sind ein wichtiges Zeugnis für Österreichs Gesinnung.«

In diesen Jahren schrieb Zweig den ›Jeremias‹, ein erschütterndes Bekenntnis, das das Gewissen der Welt aufrütteln sollte.

Er ließ später noch oft, wie im ›Jeremias‹, die Vergangenheit als Symbol in die Gegenwart greifen. Seine Vertrautheit mit Problemen, mit Menschen, mit Geschehnissen aus allen Zeiten, allen Nationen war beinahe unheimlich. Es war, als hätte er dies alles einmal selbst erlebt.

›Heilung durch den Geist‹ nennt Zweig eines seiner Werke. Diese Worte sind das Leitmotiv seines Schaffens. Es besteht aus zwei Teilen: den Romanen und Novellen, und jenen Werken, die sich mit dem Wesen großer Menschen beschäftigen. Sie verkörpern sein Ideal vom Weltbürger.

Sein leidenschaftlicher Wille hat magische Wirkung. Es gibt kein noch so fernes Land, keine Rasse, keinen Stand, keine Sprache, die sein Werk nicht erreicht hätte. Stefan Zweig ist ein Symbol für Österreichs völkerverbindende Mission.

Als Zweig unmittelbar nach Kriegsende in Salzburg das kleine Schloß auf dem Kapuzinerberg erwarb, hätte man seine Mitwirkung an den Salzburger Festspielen für selbstverständlich gehalten. Beinahe gleichzeitig waren Max Reinhardt auf Schloß Leopoldskron und Hermann Bahr auf Birgelstein ansässig geworden. Doch nur mit Bahr trat Zweig in nähere Verbindung. Reinhardts und Hofmannsthals Werk wandte er den Rücken. Wenn im August der Festspielrummel begann, verschwand Zweig beinahe demonstrativ aus Salzburg. Er überließ es seiner Frau Friderike, die zahlreichen Gäste, die auf den Kapuzinerberg pilgerten, zu empfangen.

Wieder zog der empfindliche, nervöse Stefan Zweig den Stacheldraht um sich.

Im Herbst sah er seine Freunde gern. Es ist vielleicht kein Zufall, daß zu seinem Schloß kein Fahrweg führte, nur ein Passionsweg, der zu dem angrenzenden Kloster gehörte. Oben angelangt, durchschritt man die terrassenartigen Anlagen und verlor sich dann in einem Labyrinth von Räumen. Die reichhaltige Bibliothek barg eine kostbare Manuskriptsammlung, und als Heiligtum stand hier Beethovens Schreibtisch, von Zweig erworben und ehrfürchtig bewahrt.

Man hatte einen zauberhaften Blick auf Salzburg, auf das Tal, auf die Berge, bis hinüber nach Schloß Leopoldskron am Fuß des Mönchsbergs.

Die Frage nach den Widersprüchen im Wesen Stefan Zweigs beschäftigte mich schon seit Jahren. Ich stellte sie einem Freund, mit dem ich in Briefwechsel stand und dessen Urteil mir wertvoll ist. Er antwortete mir nach einiger Zeit.

Liebe Freundin,

es ist vermessen und gefährlich, in die Seele eines schöpferischen Geistes eindringen zu wollen. Da kann einem allerhand Ungemütliches begegnen.

Sprechen wir lieber von anderen Dingen.

Ich habe unser letztes Gespräch nach der Vorstellung des Burgtheaters nicht vergessen. Sie erzählten mir von Ihrem Freund, dem berühmten französischen Schauspieler, der am Abend seines Auftretens gleichgültig in der Garderobe sitzt, Patiencen legt, ein billet doux beantwortet, Witze erzählt – und eine Minute später auf der Bühne die erschütterndste Wirkung erzielt.

Der ebenso große Wiener Darsteller dagegen hatte gerade an dem Abend, als unser Gespräch stattfand, seltsam versagt, wie es schon öfter geschehen war. Dabei verbringt er den ganzen Tag vor seinem Auftritt in tiefer Selbstversenkung.

Nun: seine Wirkung war unsicherer, abhängiger von unberechenbaren Störungen der Außenwelt als die des französischen Kollegen, der sozusagen auf kaltem Weg den Siedepunkt erreicht.

So geht es auch großen Dichtern. Es gibt solche, die sich ihre Geschöpfe aus dem Herzen reißen, mit ihnen Qualen leiden, an ihnen zugrunde gehen, die an ihrem Werk verbrennen – wie Hofmannsthal...

Und solche, die ihre Geschöpfe sozusagen sezieren, um sie dann durch geistige Einsicht wiedererstehen zu lassen.

Ein Dichter dieser Art steht über seinen Gestalten und er verbrennt auch nicht an ihnen. Doch es mag sein, daß er durch sie auf andere Weise zugrunde geht.

Vielleicht habe ich nun Ihre Frage irgendwie beantwortet.

(1970)

Erlebnisse – Ergebnisse

Ich lernte Stefan Zweig kennen, als er eben im Herbst 1917 mit seiner seelisch und geistig hochstehenden Freundin Friderike in Zürich eingetroffen war, wo sie als geschiedene Frau von Winternitz noch auf die rechtliche Möglichkeit, sich nach österreichischem Gesetz wieder zu verheiraten, warten mußte.

Er empfand den Zeitpunkt als ebenso ungewöhnlich für sich wie für Zürich.

Gerade gegen Zweig richtete sich die Gereiztheit und das Ressentiment der Extremisten. Den Kryptokommunisten mußte er durch seine Herkunft aus großbürgerlichen Kapitalistenkreisen ein Dorn im Auge sein. Dazu kam seine literarische Beliebtheit. Als arrivierter Autor drohte er, den andern den Wind aus den Segeln zu nehmen. Der Spott bemächtigte sich seines Namens: Erwerbszweig! Daß arme Schlucker, die sich in Zürich durchfristeten, ihm seine Einkünfte mißgönnten – besonders wenn er nicht ihnen selber, sondern anderen beisprang, – ist verständlich. Aber der Neid war ungerecht, denn er half nicht aus Berechnung, sondern aus Generosität und, mag sein, aus dem Bedürfnis, geliebt zu werden.

Als Österreicher hatte er es auch leichter denn die Reichsdeutschen. Er war nicht als Flüchtling, Emigrant, gar als Refraktär hergekommen. Daß das Stadttheater Zürich seinen ›Jeremias‹ zur Uraufführung erworben hatte, verschaffte ihm den Urlaub vom Kriegsarchiv (wo übrigens kurze Zeit auch Rilke neben ihm tätig war). Die selber schon insgeheim kriegsüberdrüssigen Amtsstellen scheinen ihm nicht ungern den Segen auf die Reise gegeben zu haben. Ich war Zeuge des unbestrittenen Beifalls, den das Drama bei der Uraufführung am 27. Februar 1918 davontrug. Übrigens entzog es sich einer greifbaren Angriffsfläche, indem es seine Aktualität unter biblischem Gewand verbarg: nämlich den Konflikt zwischen Macht und Geist, die tragische Vergeblichkeit des prophetischen Warners und die seelische Superiorität des Besiegten. Dieser Jeremias ist ein Held nach Stefan Zweigs Herzen.

Wenn einer unter den Mitlebenden, war Romain Rolland Zweigs Gesinnungsgenosse als Vermittler zwischen Frankreich und Deutschland, mehr als das, er wurde sein moralisches Vorbild, sein Held. Furchtlos und unerschütterlich sah er ihn überm, nein: *im* Kampfgewühl auf seinem Standpunkt beharren »wie ein Denkmal in lebendiger Gestalt für den echten Heroismus, den geistigen, den moralischen«. Seiner eigenen Natur, so bekennt Zweig freimütig, liege das Heldische nicht. Seine natürliche Haltung in gefährlichen Situationen sei die ausweichende gewesen, und manchmal habe er den Anwurf der Unentschiedenheit mit Recht auf sich nehmen müssen, den man seinem verehrten Meister, Erasmus von Rotterdam, so häufig gemacht habe, dessen Biographie er sein persönlichstes, privatestes Werk nennt. Er hätte sich nicht so herabzusetzen gebraucht. Und gerade in der Schweiz hat er durch sein Bekenntnis und seinen Einsatz als Pazifist seiner im Grund weichen Natur einen herzhaften moralischen Aufschwung gegeben. War er je ein Kämpfer, so einer für den Frieden.

In der Verbindung und freundschaftlichen Korrespondenz Zweigs mit Romain Rolland, der damals am Roten Kreuz in Bern arbeitete – Zweig nannte es »das Herz Europas« – kristallisierte sich der Plan, »die wichtigsten geistigen Persönlichkeiten aller Nationen zu einer gemeinsamen Konferenz in der Schweiz einzuladen, um zu einer einheitlicheren und würdigeren Haltung zu gelangen und vielleicht sogar einen solidarischen Appell im Sinne der Verständigung an die Welt zu richten«.

1920 versuchte Stefan Zweig, diesem Bedürfnis nach »geistiger Bruderschaft« einen neuen Impuls zu geben. Ich sollte dabei mittun. »Wir wollen uns nämlich im zweiten Teil September, die besten der jungen Franzosen, Rolland, Barbusse, ein paar Engländer und Italiener in Norditalien treffen, nicht zu irgend einem formalen Kongreß, sondern zu einem freundschaftlichen Beisammensein, in dem allerdings ein öffentlicher Kongreß für ein Jahr später erwogen werden soll. Von den Schweizern sind vor allem Sie geladen, und wir möchten Sie herzlich bitten, wenn die Sache zustande kommt, auch an den Lago Maggiore, oder wo immer wir uns treffen, zu kommen. Ich wiederhole Ihnen, daß dieses Beisammensein ein gänzlich unpolitisches und nicht kongreßhaftes ist, überdies auch nicht in Zeitungen angekündigt wird: wir wollen einfach nur wieder einmal europäisch beisammen sein und erwägen, wie wir die geistige Bindung von einst wiederherstellen könnten.«

Diesen kosmopolitischen Idealismus hatte Zweig schon in Zürich auf seine Fahne geschrieben und zu fördern versucht. Vor allem lag ihm an einem Brückenschlag zwischen Deutschland und Frankreich.

So erinnere ich mich an einen gemeinsamen Vortragsabend von ihm und Pierre Jean Jouve im Lesezirkel und an die lange nächtliche Nachfeier im Hotel Schwert inmitten einer wunderlich zusammengewürfelten Intelligentsia – Frans Masereel, Tilla Durieux und ihr Gatte, der Verleger Cassirer, waren darunter, und der österreichische Generalkonsul durfte es immerhin wagen, auch dem Franzosen Jouve glückwünschend die Hand zu schütteln.

Eine Ironie des Schicksals übrigens, daß die geistigen Avantgardisten sich in dem altrespektablen Gasthaus einnisteten, das schon einmal das Hauptquartier von Emigranten gewesen war, freilich nicht der revolutionären, sondern der reaktionären, nämlich des französischen Adels 1793. Freilich wer hatte nicht alles dort an der Tafel gesessen, so einmal Johannes von Müller zur Seite von Goethe, und noch weiter zurück der abenteuerliche Casanova.

Nie mehr, schreibt Zweig, sei ihm ein vielfarbigeres und leidenschaftlicheres Gemenge von Meinungen und Menschen in so konzentrierter und gleichsam dampfender Form begegnet als in diesen Zürcher Tagen oder vielmehr Nächten. Man habe geistig den Krieg hier eigentlich intensiver miterlebt als in der kriegführenden Heimat.

Um sich den endlosen, aufregenden, aber sterilen politischen Diskussionen zu entziehen und von unerwünschten Bekanntschaften zu distanzieren, übersiedelten Zweig und seine Freundin ins »Nidelbad«, wie bei uns der hochgelegene Gasthof Bellevue in Rüschlikon heißt. In der dortigen Stille, wo übrigens später Thornton Wilder seine ›Kleine Stadt‹ schuf, verfaßte Zweig ein durch zürcherische Richard Wagner-Reminiszenzen angeregtes Kammerspiel ›Legende eines Lebens‹, zu dessen Vorlesung er einige Freunde einlud.

Seeüber entstand, schriftlich und mündlich, bisweilen auch in einem Ruderboot, ein reger Verkehr zwischen uns. Unter den Schweizern – er kannte deren nur wenige, so Eduard Korrodi, S. D. Steinberg und Leonhard Ragaz – stand ich ihm wohl am nächsten. Und jedenfalls gehörten wir näher zueinander als er oder gar ich zu den Revolutionären.

Er war durch Veranlagung und Überzeugung ein toleranter Liberaler, der auf demokratischer Basis die individuelle Freiheit hochhielt. Als Gutem Europäer in Nietzsches Bedeutung des Wortes, galt sein ganzer

Einsatz der Annäherung der entzweiten Nationen und ihrer gegenseitigen Befruchtung und Bereicherung; er ist denn ja auch zu einem weithin wirkenden Exponenten eines solchen Internationalismus geworden. Dieser Weltbürger war Vermittler auch in dem Sinne, daß er ohne Bruch die kulturelle Überlieferung den neuen Gegebenheiten anpassen und weiterführen wollte.

Es war folgerichtig, daß er die Schweiz von je und immer mehr liebte. Ihre »Idee des Beisammenseins der Nationen im selben Raume ohne Feindseligkeit, diese weiseste Maxime, durch wechselseitige Achtung und eine ehrlich durchlebte Demokratie sprachliche und volkliche Unterschiede zur Brüderlichkeit zu erheben – welch ein Beispiel dies für unser ganzes verwirrtes Europa«.

(1963)

Das Steffzweig

Des Steffzweigs muß in diesem Bestiarium Erwähnung geschehen, da es von einigen wenigen immer noch als ein Lebewesen angesehen wird. Aber es ist das Steffzweig ein Kunstprodukt, hergestellt anläßlich eines Wiener Dichterkongresses aus Federn, Haut, Haaren usw. aller möglichen europäischen Tiere. Es ist sozusagen ein Volapüktier. An seine organische Existenz glaubt man zur Zeit nur mehr in entlegenen Ländern und in gewissen Genfer Kreisen. Einige wollen das Steffzweig in einem Leipziger Hause, Kurze Straße 7, unter einem kleinen Glassturz gesehen haben.

(1922)

Der Kampf mit dem Dämon

Jugend ist immer begabt, an sich schon; sie hat's leicht, mit zwanzig Jahren gehört eher Talent dazu, keines zu haben. Mit dreißig aber, nel mezzo del camin di nostra vita, lichten sich dann die Reihen der Begabungen schon allmählich, einige geben's lieber gleich auf und schwenken ab, die anderen merken, daß sie, um sich noch eine Zeit behaupten zu können, fortan auf die Zinsen ihrer Jugendwerke angewiesen sind: sie leben jetzt von den Abfällen ihrer früheren Einfälle, sie lernen den Ertrag ihrer ersten Jugend immer wieder auf den Glanz herrichten, das Kunststück besteht dabei nur in der neuen Appretur, die den Leser nichts davon merken läßt, daß es unter wechselndem Kopfputz immer dasselbe bleibt. Gar aber über vierzig gelingt heute sehr selten einem noch ein neuer Schritt empor; die dritten oder vierten Pubertäten sind in unserer Zeit meistens Selbsttäuschungen. Bernard Shaw freilich zeigt durch Saint Joan, daß man bis gegen achtzig noch immer nicht alle Hoffnung sinken lassen muß; doch der stellt ja grundsätzlich alles auf den Kopf, auf seinen. Der merkwürdigste Fall aber ist mir doch der Stefan Zweigs, der anfangs, in den Jahren eben, wo Dreistigkeit, Dünkel und Anmaßung bei Künstlern fast sozusagen de rigueur sind, zunächst durch seine Bescheidenheit, Anmut, ja, wenn man sich nach seinen Arbeiten erkundigte, fast durch eine gewisse Verlegenheit auffiel und viel lieber von Verhaeren oder Rolland sprach als von sich selbst, den er durchaus nicht so besonders wichtig zu nehmen schien. Mich interessierte dieser Sonderfall eines jungen Dichters, der sich für andere weit mehr als für sich selbst interessierte, der keinen Neid noch Eifersucht zu kennen, ja sogar, was der Jugend am schwersten fällt, warten und sich Zeit lassen zu können schien. Er wußte früh, was Jugend ungern hört und nicht glauben will: daß Talent, ganz ebenso wie Charakter doch auch, sich nicht drängen läßt, daß Talent Ruhe braucht, Ruhe, Geduld und Mühe. Er ist selber jetzt das schönste Beispiel dafür, wie reich sich das lohnt. Wenn ich so zurückdenke: wie viele sind am Wege liegen geblieben, wie wenige von allen, die vor zwanzig Jahren große Hoffnungen waren, hielten ihr Versprechen auch nur halb! Zweig aber ist ganz im stillen zur Meisterschaft gelangt, und Meisterschaft von der echten Art. Meisterschaft der Beschränkung, Meisterschaft, deren Macht aus einer klaren Erkenntnis der eigenen Grenzen erwächst, wenn sich zu dieser Erkenntnis dann auch noch Unerbittlichkeit gesellt, Unerbittlichkeit, in diesen eigenen Grenzen sich aber niemals auch nur den geringsten Verzicht, bevor das volle Maß erreicht ist, zu gönnen, Unerbittlichkeit bis zur Vollendung: Meisterschaft also, in der Aufgebot des höchsten Willens und Bescheidung in das vom Schicksal zugewiesene Teil einander begegnen, um einander zu verklären. Das erste Zeichen davon gab vor fast fünfzehn Jahren schon sein ›Erstes Erlebnis‹, dem als »zweiter Ring« einer »Kette« von Novellen nun vor drei Jahren ›Amok‹ folgte, dieses Prachtstück einer Erzählung, in der sich kein Wort entbehren, kein Wort zusetzen läßt. Ihren Erfolg überbot noch der seiner ›Drei Meister‹, in denen sich leise schon ein neues Genre ankündigte, das nun sein ›Kampf mit dem Dämon‹ fortsetzt, ja zur Vollendung bringt. Was wir »Essay« nennen, ist es eigentlich nicht, weder von der Art, in der er sich in England von Bacon über Dryden, Johnson, Burke, William Hazlitt, Macaulay, Froude, Matthew Arnold und Walter Pater bis herauf zu seinem Hochmeister der Gegenwart Lytton Strachey entwickelt hat, noch in der französischen von Montaigne über Diderot zur Linie Sainte-Beuve, Taine, Renan, Barrès, Bourget und Brunetière, aber auch keineswegs in der deutschen von Otto Gildemeister, Hermann Grimm, Karl Hillebrand, Gustav Freytag usw. Am ehesten erinnert Zweigs Darstellung zuweilen an Wilhelm Scherer; und das führt uns auch auf die rechte Spur. Scherer war, ohne sonst übrigens viel Gebrauch davon zu machen, in Österreich geboren, in Niederösterreich, dessen geistige Vormacht damals im Wiener Feuilleton lag, das man denn auch, so wenig er sich seine Herkunft gern merken ließ, gerade an den schönsten Stellen bei ihm immer wieder anklingen hört. Und so kommt man vielleicht auch der Eigenart von Zweigs Essay am besten bei, wenn man ihn ein Wiener Feuilleton im großen Format nennt; man kann es nur nicht gleich wiedererkennen, weil es bei Zweig viel sonorer ist. Zweig gibt dem klassischen Wiener Feuilleton, was man in der Redekunst Amplifikation nennt. Ein Beispiel mag dies erklären. Er schreibt einmal: »Niemals hat Hölderlin die Welt sehen gelernt; er hat sie immer nur gedichtet.« Der eine Satz enthält im Grunde den ganzen Hölderlin. Speidel hätte seine helle

Freude daran gehabt. Der rang oft die ganze Woche nach einem solchen Aperçu, das ins Herz einer Erscheinung trifft, aber war er dann, nach welchem furchtbaren Ringen!, endlich schußbereit, so ließ er sich zur Vorbereitung des Lesers zunächst anfangs gern behaglich gehen, um ihn dann unversehens desto stärker zu treffen aus dem Hinterhalt. War dies geglückt, so nahm er den Abgesang kurz, nur eben gerade noch lang genug, daß das Ganze doch immerhin noch knapp die gewohnten vier Spalten ergab. Er war ein geborner Fragmentist, ihn hätte gereizt, die ganze Schöpfung in ein einziges Aperçu einzufangen. Er war das gerade Widerspiel eines Amplifikateurs; daher auch sein Unbehagen an Wagner. Zweig aber, einer Generation angehörend, die den Wogenschlag der gewaltigen Atemzüge Walt Whitmans gewohnt ist, kann sich mit jenem knappen Aperçu, das den ganzen Hölderlin enthält, durchaus nicht begnügen, er läßt zu seinem Kernschuß noch überdies Kanonen donnern: die Kammermusik unseres lieben Feuilletons wird von ihm für großes Orchester instrumentiert. Mir altem Manne klingt's zuweilen etwas laut, aber demokratische Zeiten schreien, weil ja der Demokrat nicht hören will.

›Der Kampf mit dem Dämon‹ heißt Zweigs neues Buch. Dämon ist in dem neuen Sinne gemeint, im bösen Sinn. Den hatte das Wort fürs Ohr der Griechen nicht. Sie nannten Dämon jeden Geist, der sie mit einem Gott verband, einem guten oder einem bösen Gott. Bei Hesiod sind die Dämonen Schirmgeister, fast unseren Schutzengeln ähnlich. Und so spricht auch Plato noch im ›Phaidon‹ von dem jedem Menschen verordneten, als Helfer beigestellten Dämon. Auch in Goethes ›Urworten‹ ist der Dämon einfach das jedem bei seinem Antritt zugewiesene »Gesetz«, der Wille der Sterne mit ihm, also die »Nativität«, die »Konstellation«, doch keineswegs mit der Meinung, als müßten die Sterne uns immer nur mißwollen, als müßten wir kämpfen mit dem Dämon. Zweig aber nennt dämonisch »die ursprünglich und wesentlich jedem Menschen eingeborene Unruhe, die ihn aus sich selbst heraus, über sich selbst hinaus ins Unendliche, ins Elementarische treibt, gleichsam als hätte die Natur von ihrem einstigen Chaos ein unveräußerliches unruhiges Teil in jeder einzelnen Seele zurückgelassen, das mit Spannung und Leidenschaft zurück will in das übermenschliche, übersinnliche Element. Der Dämon verkörpert in uns den Gärungsstoff, das aufquellende, quälende, spannende Ferment, das zu allem Gefährlichen, zu Übermaß, Ekstase, Selbsttäuschung, Selbstvernichtung das sonst ruhige

Sein drängt.« Kampf mit dem Dämon ist im Munde Zweigs also so viel wie Kampf mit dem Chaos; und die drei Kämpfer, die er uns zeigt, Hölderlin, Kleist und Nietzsche wären im Grunde nur dem Bolschewisten in ihrer eigenen Brust erlegen. An anderen Stellen aber klingt's wieder zuweilen fast, als meinte Zweig eigentlich den Kampf mit dem Talent; ja, man hat zuweilen den Verdacht, ob nicht sein Buch vielleicht eine verkleidete Beichte seiner eigenen Gefahren und ihrer Überwindung ist, zugleich aber auch eine von ihm an sich selbst gerichtete Mahnung, niemals zu vergessen, daß Talent jeden Tag von neuem wieder Bändigung heischt. Jedem Talent lauert eine heimliche böse Lust, wenn nicht auszuschweifen, doch jedenfalls zu schweifen, auf, und niemals war die Verlockung zum Divagieren ärger als eben jetzt, vielleicht noch ermutigt durch das böse Beispiel, das die Politiker geben. Kampf mit der Weite gilt es jetzt, Kampf um den Mut zur Enge, Kampf um Verzicht auf Unendlichkeit, der entsagen lernen muß, wer Vollendung will.

Seit uns Hölderlin, dank dem unvergeßlichen, edlen, treuesten Norbert v. Hellingrath, wiedergeboren wurde, schwillt die Literatur über ihn so gewaltig an, daß sie schon fast ihn zu verdecken, die lieben Züge seiner reinen Gestalt aufzulösen oder doch zu verwischen droht. Zweig gibt sie uns wieder und erreicht in diesem von magischer Liebeskraft durchseelten Aufsatz eine Glut des Ausbruches, als wenn er selber einmal begnadet worden wäre, in die Tiefen Hölderlins sinken und die »Göttersprüche niederregnen und das Tönen im innersten Hain« mit ihm hören zu dürfen. Und wie zart ist Hölderlins Verhältnis zur »Zauberwolke seiner Jugend«, zu Schiller, dieses unselige Mißverständnis auf beiden Seiten, bis auf den Nerv bloßgelegt! Der Abschnitt liest sich wie eine Liebeserklärung, doch dabei so schonungslos wahrhaft, wie nur echte Leidenschaft wagt. Das unterscheidet ihn vom dritten, von der Darstellung Nietzsches, von dem Zweig auch mit Enthusiasmus spricht, aber einem gewollten, einem sicherlich ebenso reinen, aber dem man es doch anhört oder, um vorsichtiger zu sein, dem wenigstens ich es anzuhören glaube, daß es bloß ein Enthusiasmus des Verstandes ist, vielleicht auch einer aus Stilgefühl, ein rhetorisch gebotener, da doch der Schluß immer das stärkste Bedürfnis nach Amplifikation hat. Aber zwischen diese beiden Geliebten, Hölderlin und Nietzsche, in die Mitte stellt Zweig nun einen, gegen den er, sicherlich ganz unbewußt, innerlich irgendwie Hemmungen hat: Kleist. Man merkt es schon an der Mühe, die er sich gibt, ihm gerecht zu werden; das versucht Liebe nie: gegen das Geliebte ungerecht zu sein, ist das Kennzeichen echter Liebe, sie schwelgt darin. Er bemüht sich sehr um Kleist, aber man meint irgendwie durchzufühlen, daß er sich doch eben erst bemühen muß. Er versucht Kleist auf eine Formel zu bringen: »Zuviel Geist bei zuviel Blut, zuviel Sittlichkeit bei zuviel Leidenschaft, zuviel Zucht bei zuviel Zügellosigkeit«, und scheint dies zu bedauern, während es doch eigentlich das höchste Lob ist, das man einem Künstler sagen kann: denn Kunst will Gleichgewicht, und dasselbe Zuviel an beiden Polen, gleichgültig, wieviel Zuviel, wenn es nur genau gleich Zuviel hier wie dort ist, ergibt ja genau die polarische Mitte, den Lebensraum der Kunst. Aber hier spricht der Österreicher aus Zweig. Österreichern ist Kleist instinktiv unbehaglich. Ich sehe noch Burckhards wutroten Kopf, wenn man den ›Homburg‹ vor ihm auch nur zu nennen wagte, ein »widerliches, nach Cäsarismus stinkendes Kommißknopfstück« hat er es einmal schwarz auf weiß genannt. Zweig ist Artist genug, um die Herrlichkeit ›Homburgs‹ nicht zu verkennen, er rühmt ihn laut und doch ist seltsam, wie er ihn sieht: »Der zerstörte deutsche Dichter«, schreibt er, »gibt (eine Spanne kaum vor seiner Selbstvernichtung) der Nation die vollendetste Tragödie.« Da kann ich nur Gefühl gegen Gefühl stellen, meines gegen seines: Für mich ist der ›Homburg‹ ganz untragisch, er ist mir eines der schönsten Lustspiele der Weltliteratur, er gilt mir noch weitaus mehr als ›Der zerbrochne Krug‹, selbst mehr als der ›Amphitryon‹; für mich gibt's überhaupt nur drei deutsche Lustspiele von Vollendung, wert, klassisch im höchsten Sinn zu heißen: ›Minna von Barnhelm‹, ›Prinz von Homburg‹ und ›Weh dem, der lügt!‹ Und Kleist verrät doch auch sonst immer wieder die Bestimmung und innere Berufung zum Lustspiel, denn er zielt immer wieder auf Verklärung. Am reinsten erreicht er sie freilich im ›Homburg‹, nur der Untergang des Kohlhaas kann sich damit an strahlender Seligkeit messen; und ist denn aber nicht auch jeder Schritt Käthchens wie rings von Himmelslicht umflossen? Ja hat nicht selbst Penthesileens grauser Liebestod einen wenn auch wild umwölkten Glanz von Versöhnung, von Ergebung ins Schicksal? Und um völlig aufrichtig zu sein, wie man es einem alten Freunde nicht bloß verzeihen mag, sondern eigentlich von ihm verlangen muß: Ich habe das Gefühl, daß Kleist überhaupt nicht in diese Reihe gehört. Hölderlin und Nietzsche unterliegen im Kampf mit dem Dämon, er schlägt die beiden in Wahn nieder. Ist denn aber Kleist geschlagen? Er steht vom Mahl des Daseins, als er satt ist und genug hat, gelassen auf und verläßt es. Niemals war er inniger froh, niemals zärtlicher mit dem Leben ausgesöhnt, als seit er seinen Auftrag in der Welt getan und darum ein Recht zu haben meinte, sich zurückzuziehen. »Meine liebste Marie«, schreibt er an die intimste und beste Freundin, »meine liebste Marie, mitten in dem Triumphgesang, den meine Seele in diesem Augenblick des Todes anstimmt, muß ich noch einmal Deiner gedenken.« Und an Ulriken: »Ich kann nicht sterben, ohne mich, zufrieden und heiter wie ich bin, mit der ganzen Welt und somit auch vor allen anderen, meine teuerste Ulrike, mit Dir versöhnt zu haben... Möge Dir der Himmel einen Tod schenken, nur halb an Freude und unaussprechlicher Heiterkeit dem meinigen gleich, das ist der herzlichste und innigste Wunsch, den ich für Dich aufzubringen weiß.« Datiert: »Stimmings bei Potsdam, am Morgen meines Todes.« Spricht so, wer sich vom Dämon geschlagen fühlt? Ein Sieger über den Dämon befiehlt sich da den Tod her, er herrscht selbst den Tod noch an. Und gerade das Sieghafte, selbst im Tode, nach dem Tode noch, die Kraft zur Auferstehung im Geiste seiner Nation, die Macht, zum Denkmal eines ganzen Volkes zu werden, nicht bloß wie Hölderlin und Nietzsche von einzelnen Gruppen oder allenfalls Schichten, bezeugt den Überwinder des Dämons. Denn dies wollen wir ihm doch auch nicht vergessen, daß, wäre das deutsche Volk vom Erdboden vertilgt für alle Zeit und in der ganzen Welt kein Andenken daran übrig als ein einziges Exemplar des Homburg und eines des Kohlhaas, die zwei genügten für die Ewigkeit als Zeugnis des deutschen Wesens in seiner glühenden Ungeduld mit sich selbst, seinem trotzigen Ungestüm, seiner wütenden Maßlosigkeit, aber auch in der ganzen strahlenden Herrlichkeit seiner ungeheuren Kraft zur Selbstbändigung, zur Demut, zur Überwältigung seines Dämons.

(1925)

Pretiosen

Herr Stefan Zweig, heute einer der repräsentativen Schmuser der europäischen Kultur, würde es mir unmöglich machen, in der Seichtheit seiner tiefen Sätze nicht zu versinken, wenn ich mir in mühevoller Praxis nicht doch eine gewisse Resistenz erworben hätte, um mir's an der Stelle genügen zu lassen, auf die mein Blick gerade fällt.

Dreißig, ja vierzig Jahre übt und vertieft Sigmund Freud seine Methode und hätte er die tausend und aber tausend Beichten der ihm anvertrauten Seelen in der Schrift festgehalten, es gäbe kein Buch der Weltliteratur, das ihm dokumentarisch gleichte.

Hier kann man nur sagen: Aufgewachsen bei Opitz! Daß »gleichen« schwachförmig gebraucht wird, dürfte seit eines Olim Zeiten, der die Welt noch ohne ›Neue Freie Presse‹ geschaut hat, nicht der Fall und selbst damals nicht üblich gewesen sein. Es kann hier aber auch ein solcher Hang nach sprachlichen Pretiosen mitgespielt haben, der nicht die abgestorbene Form ergreift, sondern eine vorhandene, wenngleich seltene, in ihrer Bedeutung mißversteht und für was Kostbares hält. Dann wäre Herrn Zweig dasselbe passiert wie Herrn Salten, der auf einmal »schweigte«, weil er diese Form in einer Auslage gesehen hatte, ohne zu wissen, daß sie so viel bedeutet als: schweigen machen, beschwichtigen, also die Tätigkeit, die man gegenüber Schwätzern anwendet. »Gleichen« (gleichte, gegleicht) ist ein eben solches Faktitivum wie schweigen (schweigte, geschweigt) und bedeutet – im Gegensatz zu »gleichen, glich, geglichen« = gleich sein – so viel als gleich machen, glätten, in Übereinstimmung bringen. Eher kann das Faktitivum »schweigen« stark abgewandelt werden (ich schwieg ihn), als schweigen im Sinn von »nicht sprechen« schwach. Und das Faktitivum »gleichen« hat in Zusammensetzungen durchaus die starke Abwandlung, so daß die Tätigkeit des Gleichmachens dann nicht anders konstruiert wird als die Eigenschaft des Gleichseins. Es wird also »verglichen«: wenn ich nicht eine Sache als solche gleich mache (glätte) oder reale Dinge in Übereinstimmung bringe (Münzen, Gewichte), sondern wenn ich eine

Sache einer anderen gleich stelle oder sie an ihr messe; doch kann sie auch als solche »beglichen« oder »ausgeglichen« werden (wobei allerdings mit einer vorgestellten Forderung oder Rechnung verglichen wird). Nur im rein mechanischen Sinn wird etwas »gegleicht«; aber selbst da »angeglichen«. Herr Zweig hat also irgendwo »gleichte« in der selteneren Bedeutung gefunden und diese mißverstanden, oder vielleicht doch die abgestorbene, niemals lebendige Form für seinen reporterhaft normalen Sinn gewählt. Jedenfalls gedachte er sich mit etwas Kostbarem zu schmücken. – Diese Beobachtung ist natürlich nur eine Kleinigkeit, eine von jenen, mit welchen ich mich abgebe; aber sie scheint doch hinreichend Raum zu gewähren, um in ihr das Format eines Kulturessayisten unterzubringen. Wenn so einer hinschreibt, daß einem Buch keines der Weltliteratur »gleichte«, so glaubt er schon mit einem Fuß in ihr zu sein. Aus der wievielten Hand jedoch selbst die scheinbar korrekten Fügungen ihm zugekommen sind, läßt sich leider nie feststellen. Meiner Methode genügt ein Zweig, um einen Wald von Federn zu sehen, die da vorgearbeitet haben. Aber das ist es eben, was der Zeitungsleser braucht. Die Bourgeoisie zwischen Berlin und Wien sieht sich durch die Emil Ludwig und Stefan Zweig mit der denkbar größten Zeitersparnis in die Weltliteratur eingeführt, und die Folge ist, daß solche Leute dann für Paris und London selbst schon zu ihr gehören. Sie machen dem Leser die Lücke, aus der seine Bildung besteht, wohnlich und behaglich, schmücken sie mit Urväter Hausrat, neuzeitlichem Zierat und sonstigem Unrat, und heben den Zeitgenossen liftartig auf ein Niveau, das er unten nur zu betreten braucht, um oben zu sein. Der Lift war auch nicht immer oben, aber es gelingt ihm immer wieder, und technische Hindernisse sind unschwer ausgegleicht.

(1926)

– – *Als Novellist großen Formats hat er (Stefan Zweig) sich alle Sprachen der Erde erobert.*
Bis auf eine.

(1931)

SIGMUND FREUD

An Stefan Zweig

Semmering
Wien IX., Berggasse 19
4. Sept 26

Lieber Herr Doktor

Beinahe würde ich wünschen, daß ich den Dr St. Zweig nie persönlich kennen gelernt und daß er sich nie so liebenswürdig und respektvoll gegen mich benommen. Denn nun leide ich unter dem Zweifel, ob mein Urteil nicht durch persönliche Sympathie beirrt sein mag. Fiele mir ein solcher Novellenband eines mir unbekannten Autors in die Hände, so würde ich gewiß ohne Schwanken feststellen, daß ich auf einen Schöpfer ersten Ranges und eine künstlerische Höchstleistung gestoßen bin.

Ich glaube aber wirklich, diese drei Novellen – strenger: zwei von ihnen – sind Meisterwerke. Die erste war mir ja bereits bekannt, ich hatte damals irgend ein Detail an ihr beanstandet, das ich jetzt nicht wiederfinden konnte. Sie hatte mein besonderes Interesse erweckt, weil sie eine analytische Deutung zuläßt, ja eine solche fordert und weil ich mich im Verkehr mit Ihnen überzeugen konnte, daß Sie von diesem geheimen Sinn nichts wissen, während Sie ihn in tadelloser Verkleidung zum Ausdruck gebracht haben. Wahrscheinlich anerkennen Sie eine solche Deutungsmöglichkeit nicht, verabscheuen sie vielleicht, aber ich kann sie nicht abweisen u habe sie diesmal weit vollständiger bekommen. Die Analyse läßt uns vermuten daß der große anscheinend unerschöpfliche Reichtum der vom Dichter behandelten Probleme u Situationen sich auf eine kleine Anzal von »Urmotiven« zurückführen läßt, die zumeist aus dem verdrängten Erlebensstoff des Kinderseelenlebens stam̄en, so daß diese Dichtungen verkleideten verschönerten, sublimirten Neuauflagen jener Kinderphantasien entsprechen. Dies ist besonders leicht an der ersten Novelle zu zeigen. Spricht man den unbewußten Kern unverblümt aus so wirkt es abstoßend. Das Motiv ist das der Mutter, die den Sohn in den Sexualverkehr durch Preisgabe ihrer eigenen Person einführt, um ihn vor den Gefahren der Onanie zu retten, die dem Kinde riesengroß lebensbedrohlich erscheinen. Eine solche Phantasie wird von manchen Personen aus ihren Pubertätsjahren selbst bewußt erinnert! Dem Unbewußten fehlt sie nie. Sie liegt auch all den Erlösungsdichtungen zB der Wagner'schen Opern zu Grunde. In der poetischen Bearbeitung muß die Onanie als völlig unbrauchbar durch anderes ersetzt werden, in Ihrer Novelle ist das Spiel der richtige Ersatz. Die Zwanghaftigkeit, Unwiderstehlichkeit, die Rückfälle trotz der stärksten Vorsätze, die Lebensbedrohung sind direkt Züge des alten Vorbilds, die erste Bezeichnung die die Onanie in der Kinderstube gefunden hatte war die des »Spielens«, – ein gefährliches Spiel, wurde dem Kinde gesagt, man wird verrückt oder man muß sterben – und die bei Ihnen mit so unheimlicher Meisterschaft durchgeführte Betonung der Hände und ihrer Tätigkeit ist geradezu verräterisch. In der Masturbation betätigen ja die Hände ihre Genitalfunktion. In Ihrer Novelle ist die Sohnesrolle des jungen Spielers so unverkennbar angedeutet, daß es schwer wird zu glauben, Sie hätten keine bewußte Absicht befolgt. Ich weiß aber, daß es nicht so war u daß Sie Ihr Unbewußtes haben arbeiten laßen. So ist zB der junge Pole 24 J. alt, genauso alt war der älteste Sohn der 42 j. Frau, die mit 17 J. geheiratet hatte.

Wenn in der Einleitung der Novelle der Satz vertreten wird, daß jede Frau unberechenbaren Impulsen preisgegeben sei, so ist dies eben die Fassade, die nicht am wenigsten zur Verleugnung des Unbewußten bestimmt ist. Der Inhalt der Novelle zeigt dagegen, daß diese Impulse sehr wol bestimmbar sind. Die zur Treue gebundene Witwe hat ihre Sorge darauf geworfen sich gegen die Versuchungen zu schützen, die von anderen Männern ausgehen. Daß sie als Mutter auch eine Libidofixirung an den Sohn hat, die aktivierbar ist, weiß sie nicht und an dieser unbewachten Stelle kann sie das Schicksal packen. Das ist in der Novelle absolut korrekt dargestellt, aber was ich sage ist analytisch u macht keinen Versuch der Schönheit der Dichtung gerecht zu werden.

Die zweite Novelle fällt dagegen etwas ab. Man verspürt die geringere persönliche Anteilnahme des Dichters. Das analytische Motiv bedarf keiner Deutung, es liegt klar zu Tage. Die Eifersucht des Vaters auf die Sexualität der heranwachsenden Tochter, die ja in Urzeiten sein Sexualobjekt, sein Eigentum war. Aber dies Motiv regt uns zur unwillkürlichen feindseligen Parteinahme an. Wir finden, der Anspruch des Vaters ist verjährt, er ist wirklich kein Rivale der Jungen, er hat wirklich seine Aufgabe erfüllt u sich überflüßig gemacht, wenn er die Frauen materiell versorgt hat. So darf sein Schicksal uns kühl laßen.

Auch an der dritten Novelle ist nichts zu deuten. Das Urmotiv ist klar: der Mann, dem ein anderer seine Liebe anbietet. Aber ein Problem knüpft sich an diese Situation wenigstens für viele Menschen, für alle die als normal gelten. Warum kann der Mann die physische Liebe des Mannes nicht annehmen, auch wenn er sich psychisch aufs Stärkste an ihn gebunden fühlt? Es wäre nicht gegen die Natur des Eros, der mit der Überwindung der zwischen Männern natürlichen Rivalität (Neideinstellung) einen besonderen Triumph feiern würde. Auch wäre die Liebe von Mann zu Mann entwicklungsgeschichtlich leichter, ja sie fiele vielleicht befriedigender aus da sie jenen letzten Rest von Fremdheit zwischen Mann und Weib nicht zu überwinden braucht und jener Beimengung von Sadismus entbehrt, die die Beziehungen der beiden Geschlechter vergiftet. Auch ist sie nicht gegen die menschliche »Natur«, denn diese ist bisexuell, ja noch mehr, diese Unfähigkeit bestand nicht immer, scheint nur für uns Gegenwärtige zu bestehen, auch nicht für alle. Wo sie besteht ist sie unüberwindlich. Wer auf sie stößt, muß hoffnungslos leiden. Was ist die Begründung dieser elementar scheinenden und doch durch die Elemente nicht erklärlichen Abneigung? Man weiß es nicht und die Novelle macht keinen Versuch es zu entdecken. Gewiß mit Recht. Sie weist auf die frühere Beziehung zum Vater hin, zeigt die Versuche zur Kompensation durch eine gewaltige Übertreibung der Männlichkeit, aber sie bescheidet sich das Problem so darzustellen, wie es sich findet.

Diese Darstellung geschieht nun mit solcher Kunst, Offenheit, Wahrheitsliebe und Innigkeit, so frei von aller Verlogenheit oder Sentimentalität der Zeit, daß ich bereitwillig bekenne, ich kann mir nichts besser Geglücktes vorstellen. Ja dies Lob ist bereit in einen Tadel umzuschlagen. Diese Darstellungskunst, die sich jeder Falte des Gegenstandes anzuschmiegen weiß und jeden Unterton des Affekts vernehmlich werden läßt stört beinahe die Wirkung auf den Leser. Sie läßt ihm nichts zu erraten und zu vervollständigen übrig und die Bewunderung für den Darsteller drängt sich fast vor das Interesse für's Dargestellte.

Die Kritik wird dieser Leistung kaum gerecht werden. Sie wird die Ehrlichkeit des Dichters nicht erreichen und den Akzent auf etwas Nebensächliches verschieben, wird die »Verwirrung der Gefühle« in der

Liebesbeziehung zum Weib des verehrten Lehrers suchen. Aber das Weib ist in diesem Zusammenhang nur eine Kontrastfigur. Der Konflikt liegt einzig darin, daß der Jüngling die Liebe des Mannes erwidern möchte und es aus rätselhaftem inneren Verbot nicht kann.

Wenn ich Ihre Novellen mit den Dichtungen jenes Mannes vergleiche, dem wir die tiefste Ergriffenheit durch das verdrängte Unbewußte zuzugestehen haben, so läuft ein Unterschied zu Ihren Gunsten. D[ostojewskij] ist ein schwer perverser Neurotiker, seiner Produktion merkt man das eigensüchtige Bestreben an, seine Bedürfnisspannung durch eine wenigstens symbolische Befriedigung zu entlasten und dabei nutzt er die Gelegenheit den Leser zu schrecken und zu maltraitiren. Sie sind vom Typus des Beobachters, Lauschers, wolwollend und liebevoll nach dem Verständnis des unheimlich Großen ringend. Sie sind nicht selbst gewalttätig.

Anstatt Sie um Entschuldigung für dies Stückchen Vivisektion zu bitten, danke ich Ihnen u grüße Sie

herzlich Ihr
Freud

An Stefan Zweig

Wien, XVIII. Sternwartestraße 71.
2. 10. 1926.

Lieber und verehrter Herr Doktor.

Ich danke Ihnen sehr für Ihr neues Novellenbuch, das ich bei meiner Heimkehr vorgefunden habe. Mit stärkster innerer und äusserer Anteilnahme habe ich es gelesen. Die erste Novelle kannte ich schon, die Wirkung ist bei der zweiten Lektüre die gleiche ausserordentliche geblieben. Am merkwürdigsten ist wohl die dritte. Die Steigerung des epischen Stils an einzelnen in gewissem Sinn gefährlichen Stellen ins hymnische erkannte ich nach anfänglichem leisen Widerstand als die wahrscheinlich einzige künstlerische Möglichkeit das kühne Problem zu meistern. Beinahe noch fesselnder, unmittelbarer ans Herz greifend hebt die zweite Novelle an, aber mir ist, so glänzend auch diese Erzählung geführt ist, als hätte der Stoff – von einem gewissen Moment an, vielleicht schon von der Stelle, wo der Vater seine Tochter in dem fremden Hotelzimmer verschwinden sieht, noch ergiebigere Entwicklungsmöglichkeiten geboten als Sie ihm abgewonnen oder als Sie mit Absicht gewählt haben. Für mein Gefühl erklingt der Abgesang dieses väterlichen Schicksals zu früh. Aber das kommt vielleicht nur daher, weil von dem starken und originalen Anfang an die Ideenassoziationen des Lesers (und gar eines Lesers, in dem die Phantasie angeborener Weise und berufsmässig sozusagen auch Kunstwerken gegenüber, noch ehe er sie geduldig vom Beginn bis zum Ende in sich aufgenommen, frei und auf eigene Verantwortung zu schwingen anhebt) nach so vielen und verschiedenartigen Richtungen gehen, und er nicht in die Notwendigkeit versetzt ist eine Entscheidung zu treffen, wäre es auch nur, um endgiltig seinem Stoff und seinen Gestalten zu entgehen. (Ich für meinen Teil war schon manchmal in der Versuchung einer oder der anderen meiner Novellen Varianten beizufügen. Ich glaube, dass solch ein Versuch auch künstlerisch sehr diskutabel wäre. Die inneren Notwendigkeiten eines Schicksals sind ja natürlich immer gegeben, aber die äußeren Notwendigkeiten (zu denen für die Hauptgestalt ja auch wieder die inneren Notwendigkeiten der Gegenspieler und sogar der Episodenfiguren gehören) stehen von vornherein keineswegs fest. »In unserer Brust sind unseres Schicksals Sterne.« Zweifellos. Aber es sind nicht diese Sterne allein, die unser Schicksal regieren. Das hat, wie Sie hoffentlich merken, nur eine Spitze gegen den lieben Gott und nicht gegen den ausgezeichneten Dichter der »Verwirrung der Gefühle«, den ich herzlich grüsse als sein aufrichtig ergebener

Arthur Schnitzler

LEOPOLD VON ANDRIAN

An Hugo von Hofmannsthal

8. April, Ostersonntag 28

[...] Es ist gewiß angenehm für einen Dichter ein Publicum von so viel Menschen zu haben, wie das deutsche, u. die so viel lesen... Aber wie sie, als lesendes Publicum, sich verhalten, u. was sie für einen Geschmack haben!!! Ich habe jetzt mit dem größten Widerwillen, wie man eine schlechte Medicin einnimmt, jeden Tag einen Löffel, langsam mich durch eine »deutsche Meisternovelle«, die von einem »einsamen, zarten und tiefgründigen« »Dichter« herrührt, durchgearbeitet, ganz glücklich wie ich fertig war, – die »Verwirrung der Gefühle« von Stefan Zweig – jeder Satz prätentiös über die Maßen, falsch und nichtssagend – das Ganze ein völliges Nichts, u. jetzt sage ich mir: Wie kann man hoffen, mit einem einfachen, natürlichen Buch Leser in einem Land zu finden, dessen intellectuellere Schichten sich an Wassermann u. Zweig erfreuen? Es scheint mir fast ein Wunder, daß ein wirklicher Dichter, wie Du es bist, unter diesen Menschen berühmt werden konnte, u. ich frage mich, ob es möglich gewesen wäre, wenn Du nicht mehr in Versen als in Prosa geschrieben u. wenn Du Deinen Ruhm nicht schon vor 25 Jahren, als die Zeit doch noch nicht so schlecht war, wie jetzt, begründet hättest? Ich fürchte, daß für das Specifische der dichterischen Kunst den Deutschen fast immer, so wie für das der bildenden, das Organ fehlt.

MAXIM GORKI

Über Stefan Zweig

Mir scheint, das Verhältnis der Menschen zueinander müßte bei uns in Rußland besonders sorgfältig sein, das erfordert die Gesamtheit der Bedingungen des heutigen Lebens. Der Mensch ist der Speicher der schöpferischen Energie, die auf die Beherrschung der ihm feindlichen Naturkräfte gerichtet ist. Größe und Schwere der Aufgaben, die sich der Mensch heute zu lösen gestellt hat, müßten uns gerade solch ein besonders behutsames Verhältnis zum Menschen einflößen. Aber durch die große zynische Vereinfachung, mit der die Jugend heutzutage sexuelle Fragen löst, droht uns nicht nur ein qualitatives Anwachsen der persönlichen Dramen, die so fruchtlos die wertvolle Energie der Jugend vergeuden. Nein, das artet bereits zu einem gesellschaftlichen Übel aus. Das Gebiet der sexuellen Beziehungen ist gerade jenes Gebiet, wo, wie wir sehen, die Vereinfachung die Menschen erstaunlich leicht den Tieren annähert.

Es ist jedoch unbestreitbar, daß die Liebe jene Kraft ist, die zusammen mit dem Hunger »die Welt regiert«, daß gerade durch die Liebe zur Frau ein Großteil dessen, wenn nicht überhaupt alles, geschaffen wurde, was wir Kultur nennen, was uns allmählich immer weiter vom Tier entfernt und worauf wir schon mit Recht stolz sein können. Der Kampf gegen den Hunger gebar jene »grausame Zivilisation«, deren Formen so erbarmungslos und sinnlos die Menschen unterdrücken, und aus der Liebe entstand jene Kultur, der wir das Bewußtsein verdanken, die Zivilisation in ihrer gegenwärtigen Form überlebt zu haben.

Aber die Bedeutung der Liebe als Inspirator der Kultur wird von uns immer noch ungenügend verstanden und viel zuwenig geschätzt. Ich denke, in den Tagen eines so düsteren Chaos der sexuellen Beziehungen, wie wir es heute erleben, werden die ausgezeichneten Bücher Stefan Zweigs von großem Nutzen sein. In Stefan Zweig verbindet sich das Talent eines tiefen Denkers mit dem Talent eines erstklassigen Künstlers auf eine seltene und glückliche Weise. Er hat bereits klassisch schöne Werke geschaffen, aber wenn man ihn liest, spürt man immer:

dieser Mensch ist imstande, noch mehr zu geben. Und mit jeder neuen Erzählung rechtfertigt er dieses Vorgefühl des Lesers.

Ich kenne keinen Künstler, der mit so viel Achtung und so viel Zärtlichkeit über die Frau zu schreiben vermag. Man hat uns sehr viel von der »unglücklichen Liebe« erzählt, aber ich entsinne mich keiner Erzählung, die so erfüllt ist von reinem und keuschem Lyrismus wie ›Brief einer Unbekannten‹ von Zweig. Sentimentalität ist ihm fremd, er hat offenbar organisch keinen Hang dazu, er ist wahrhaft und weise einfach wie ein wahrer Künstler. Sein Talent besitzt eine außerordentliche Kraft und ist zugleich weich; er überzeugt selbst dann, wenn er äußerst riskante Themen behandelt.

In der Novelle ›Verwirrung der Gefühle‹ stellt Stefan Zweig erstmalig in der Literatur die Qualen der homosexuellen Liebe dar, und die Magie seines Talentes konfrontiert den Leser mit einem weiteren schweren menschlichen Drama. Über diese Liebe spricht man gewöhnlich mit spöttischer Verachtung und Abscheu gegen diejenigen, die ihr verfallen sind, obwohl sie seit alters her existiert, unter den östlichen Nationen weit verbreitet ist und von Platon gerechtfertigt wurde. Die moderne Wissenschaft beweist, daß die Liebe, die Menschen aller Klassen und Nationen erfaßt, nicht »eine Laune der Übersättigten« und Pervertierten ist, sondern ein böses Spiel der Natur, eine Folge des Überwiegens weiblicher Zellen in der Geschlechtsdrüse des Mannes. Vielleicht ist dieses Überwiegen ein Zeichen der Entartung des abgenutzten Mannes als solchen, ein Zeichen seiner »Degeneration«, von der sehr beharrlich und überzeugend jetzt die Frauen sprechen.

Als Grundthema seiner Bücher wählte Stefan Zweig das schwerste, eben die Liebe. Aber bei ihm sucht man vergeblich die fröhlichen und stets etwas groben Anekdoten Maupassants, er »weidet« sich nicht an diesem Thema. Er ist ein Künstler mit einem Gefühl für das Tragische, was seine Novellen ›Amok‹, ›Vierundzwanzig Stunden aus dem Leben einer Frau‹ und überhaupt alle seine Erzählungen bezeugen. Ich glaube, noch niemand vor ihm hat so eindringlich, mit so erstaunlicher Barmherzigkeit zum Menschen über die Liebe geschrieben. Und, ich wiederhole, mit so tiefer Achtung zur Frau, wie sie ihrer seit langem bedurfte und die sie voll und ganz verdient hat – als Mutter, Kamerad und unermüdlicher Inspirator der schöpferischen Energie des Mannes.

(1927)

44

ERNST WEISS

Ein Buch über Napoleons Polizeiminister

»Bildnis eines politischen Menschen« nennt Zweig sein neues Buch und stellt damit sein höchst eigenartiges Werk in eine Reihe mit den biographischen Versuchen, die wir, in mehr oder minder großer Vollendung, in den letzten Jahren vorgelegt erhalten haben: Emil Ludwigs ›Bismarck‹, ›Goethe‹, ›Kaiser Wilhelm II.‹, Lytton Stracheys ›Queen Elisabeth‹, Maurois' ›Disraeli‹. Sei es nun, daß die Jüngeren von den Älteren gelernt haben, sei es, daß die Wiener Schule dank ihres Einfühlungsvermögens, ihrer psychologischen Meisterschaft (nicht ohne Grund sind Freud und Adler Wiener – und Karl Kraus), dank ihrer stilistischen Darstellungskraft – auf jeden Fall erscheint dieses Werk Zweigs der Gipfel des auf diesem Gebiet bisher Erreichten zu sein, und ist, bis auf kleine, verbesserbare Schwächen, das klassische Beispiel dieser Art Geschichtsschreibung und zugleich das klassische Beispiel dieser Art Kunst. Denn um beides handelt es sich: Um die Historie, die Wissenschaft als Hauptsache, und nebenher um den Roman, ein Kunstwerk der Phantasie.

Die andere Mischung, bei welcher der Roman das Übergewicht hat, und auf dem Boden wirklicher Tatsachen der Oberbau erdichteter Menschenfiguren und erfühlter Menschenseelen sich erhebt, hat bis jetzt, in Deutschland wenigstens, noch wenig Klassisches hervorgebracht.

Was an »Reportage der Weltgeschichte« geschrieben wurde, nahm immer den Durchschnittsmenschen zum Mittelpunkt, ein anonymes, gesichtsloses Wesen. Alle Kriegsromane, die hier einzureihen wären (Arnold Zweigs ›Sergeanten Grischa‹ allein ausgenommen, der wohl auch als der einzige *rein künstlerische* Wirkungen, ganz von dem »Stoff abgesehen«, ausstrahlt), haben eine höchst interessante Umwelt, aber eine recht dürftige Innenwelt. Hier reihen sie sich den Abenteuerromanen vergangener Jahrhunderte an.

Aber die andere Gattung, die romanhafte Biographie, deren Schöpfung doch das Verdienst Emil Ludwigs ist? Hier war beispielsweise einmal der Ausgleich zu schaffen zwischen der überragenden Innenwelt eines

Napoleon und seiner nicht minder überwältigenden Außenwelt: also die Tatsache und historische Weltwirkung der Schlacht bei Marengo – und die Innenwelt des Schlachtenlenkers.

Vielleicht sind die guten psychologischen, wirksamen Methoden, die wir Ludwig verdanken, auf einen Mann solchen gigantischen Übermaßes wie Napoleon überhaupt nicht integral anzuwenden – und da hat Zweig mit hellseherischem Blick und beneidenswertem Glück sich einen Akteur angeblich minderen Ranges gesucht, einen Mann, der im Hintergrunde steht, der durch Gaben und glücklich-unglückliches Geschick nur zu Episodenrollen in der Weltgeschichte ausersehen scheint. Aber das ist nur der Anschein. Was ist dieser Mann Joseph Fouché und was ist er nicht? Ehemaliger Priester und Seminarprofessor, Gewaltmensch und »Mitrailleur von Lyon«, Mitglied des »Berges« im ersten Konvent, Mörder des Königs, Feind und Besieger des Moralfanatikers Robespierre, Winkelagent und Privatdetektiv des Direktorialmitgliedes Barras, Steigbügelhalter des ersten Konsuls und dessen erbitterter Feind bis zum Ende, ironisch zynischer Steigbügelhalter der alten Dynastie, Bettler, Schnorrer und Großgrundbesitzer, Millionär, Herzog von Otranto mit der goldenen Wappensäule und der falschen Schlange darum gewickelt, dieser Mann steht nur scheinbar im Hintergrund, er bleibt mit Willen und Wissen hinter den Akteuren, seinen Trabanten. In Wahrheit ist er der geheime Mittelpunkt, Souffleur, Dichter und Regisseur der Weltgeschichte. Eine Macht, mit der während zweier Jahrzehnte (und welcher Jahrzehnte!) in Frankreich jede Ohnmacht und Übermacht bis Napoleon rechnen mußte.

Eine Balzacsche Figur in ihrer strotzenden Fülle! Ja, der ganze Balzac selbst wird hier aus diesem Buch erst klar verständlich, das Herzblut seiner Figuren schlägt auch in den Pulsen dieses Fouché. Nicht minder stark ist bei Fouché die andere Seite: der Kopf, der Geist, der unbeugsame Wille, wie er die Hauptfigur Stendhals, den ehrgeizig-zerfressenen, trocken schleicherischen, geistvollen Helden von ›Rouge et Noir‹ beseelt und ins Irre leitet trotz der ungeheuren Anspannung.

Zweig hat in unbestreitbarer Meisterschaft, völlig souverän, hier ein *Seelenschicksal* und ein *Blutschicksal* umrissen. Fouché: ein Genie der Zwiespältigkeit, einen Meister der Bewegung, einen Politiker ersten Ranges, eine Persönlichkeit von anrüchigem Zauber, geschildert anziehend und abstoßend zugleich in höchstem Grade.

Napoleon als Gegenspieler. Das quellende Genie gegen...? – – nein, auch Fouché ist genial, ist ein Mensch, der aus nichts alles macht. Aus nichts? Ja, aus dem Menschen, dem Individuum, das Fouché verachtet, da er es benutzt. Zweig kommt in seiner Biographie zu grandiosen Szenen, die des größten Romandichters würdig sind, aber es ist ja der größte Romandichter, die Wirklichkeit, die dieses Werk diktiert hat. Da ist eine Szene, in der das Ende der französischen Revolution nachgezeichnet wird. Kein Pathos, kälteste Sachlichkeit. Der Geist Stendhals. Der letzte Klub der Jakobiner, die Fouché, Exjakobiner, überlebt haben. Nach zweitausend revolutionären Morden Polizeiminister in Amt und Würden. Er steigt die Tribüne herauf; nach vielen Jahren Schweigens, schweigen konnte er, dieser Fouché, das war ein Teil seiner Menschenbeherrschung – der andere seine Menschenverachtung! –, nach sechs Jahren Schweigen hören die zur Karikatur gewordenen, verzerrten Schatten von ehemaligen Machtmenschen seine eisige, nüchterne Stimme... sie kämpfen nicht mehr gegen den alten Kampfgenossen, wehren sich nicht, er räumt den Saal, geht zur Tür, schließt sie ab und steckt den Schlüssel in die Tasche.

Außerordentlich zu rühmen und ein gewaltiger Fortschritt gegen Emil Ludwig ist, daß der Biograph nicht dem lieben Gott in die Karten sieht. Stefan Zweig gesteht es offen ein, daß er nicht allwissend ist. Nachdem er die Außenwelt mit aller Akribie erforscht hat, wie es seine Pflicht ist, gibt er zu, daß ihm das Innere seiner Menschen und Unmenschen manchmal ein Rätsel ist. Es sind prachtvoll komplizierte Charaktere. Männer von weichstem Herzen gegen die Ihren und von niederträchtiger Tücke gegen alle anderen, gierig nach Geld, aber durch Geld allein nicht zu befriedigen. Ihre Gegenspieler, ihre Feinde sind ihnen gewachsen. Ist Fouché in vielem ein Rätsel, ein Widerspruch, eine nicht auflösbare Gleichung für Zweig, so ist es sein Gegenspieler, Robespierre, oder später Napoleon nicht minder. Robespierre kann ihn, Fouché, eines Tages vernichten. Er sieht in Fouché seinen Todfeind mit Recht. Beide wissen alles voneinander. Aber er tut es nicht. Er schweigt. Schont. Warum? Zweig sagt hier in klassischer Ruhe: »Man weiß es nicht.« Gerade das gibt diesem Werk die innere Kraft. Zweig hat nicht geflunkert. Er ist so weit mit seiner Diebslaterne den Schlichen seiner Helden nachgegangen, die ihr Licht wahrlich nicht offen, sondern nur unter dem Scheffel leuchten ließen.

Was einzuwenden wäre? Man hätte hier und da den Wunsch, die historische Umwelt, etwa die napoleonischen Glanzjahre, noch etwas breiter ausgeführt zu sehen – aus Gründen der künstlerischen Symmetrie, die sonst in großartiger Weise gewahrt ist. Was aber tiefer geht und der einzige ernste Einwand ist – das ist die Form, in der Zweig, dem bösen Beispiel anderer Biographen folgend, erzählt, nämlich in der Gegenwartsform. Alles im Präsens. Dadurch nimmt er dem Werk die innere Ruhe an vielen Stellen und steigert dessen Lebendigkeit an keiner. Das ewige Präsens ist unschön, klingt nicht rein, entwertet viele Schilderungen, nimmt dem Vergangenen sein edles Gewicht, indem es sie schwankend, aber nicht schwebend in die Gegenwart projiziert. Das Heute ist ein anderes. Das Heute, der September 1929, ist so ganz anders geartet, daß man das Präsens in diesem Buch nicht gern erträgt. Nur dieser eine kleine Schritt, eine grammatikalische Bagatelle trennt dieses Meisterwerk der historischen Biographie von der Vollendung, von dem Klassischen, dem dauernden Besitz. Besitz nicht einer Nation, sondern der europäischen Kulturgemeinschaft. Denn dieses Buch wird nicht nur in Deutschland, sondern in allen Ländern gelesen und verstanden werden, da es Ewig-menschliches, den immerwährenden Zwiespalt jeder größer angelegten Natur, enthüllt. Joseph Fouché – das enthüllte Menschenherz – le cœur dévoilé.

(1929)

Triumph der Gesinnungslosigkeit.
Die Geschichte des Joseph Fouché

»Wenn also wirklich, wie Napoleon schon vor hundert Jahren sagte, die Politik ›la fatalité moderne‹ geworden ist, das neue Fatum, so wollen wir zu unserer Gegenwehr versuchen, die Menschen hinter diesen Mächten zu erkennen, und damit das gefährliche Geheimnis ihrer Macht. Ein solcher Beitrag zur Typologie des politischen Menschen sei diese Lebensgeschichte Joseph Fouchés.«

In Stefan Zweigs neuem Buch (Stefan Zweig: ›Joseph Fouché, Bildnis eines politischen Menschen‹, Insel-Verlag) findet man diese Sätze, in dem Vorwort zu einer politischen Biographie voll lodernder Bitterkeit und pessimistischer Psychologenneugier. Es ist die Biographie des Joseph Fouché, die Stefan Zweig geschrieben hat, die Biographie des besten europäischen Polizeiministers, des Mannes, der alle Ideen und alle Menschen an die Macht verriet, der mit der Revolution, mit Robespierre und mit Napoleon fertig wurde, der in kühler Charakterlosigkeit über alle von Gläubigkeit, Leidenschaft und Genialität Besessenen triumphierte. Dieses in biegsamstem, buntestem, ungestümstem Deutsch geschriebene Buch ist erregend wie ein phantastischer Kriminalroman und aufschlußreicher als viele Bücher voll wissenschaftlicher Pedanterie. Abhold jeder Phrase und jedem Hexenkult, jeder Legende und jeder Götzendienerei, erzählt der Autor nicht die Geschichte eines Fibelhelden, wählt er nicht, wie das jetzt modern ist, das Leben eines großen Mannes, um ringsherum historisches Material gefällig zu arrangieren; es ist eine Hintergrundsgestalt, die er aus »Zwielicht und Zwitterschein« löst, deren »flüchtig fliehende Spur« er durch die dunklen Nebengassen, über die dämmernden Hintertreppen der Weltgeschichte verfolgt.

Es ist, als sitze man im Souffleurkasten – auf der Bühne spielt man die große Revolutionstragödie –, aber man guckt dem Souffleur ins Buch, man liest die Regieanmerkungen und die rotunterstrichenen Stichworte, man blinzelt hinter die Kulissen und findet das banale Antlitz unter der grellen Schminke; manchmal freilich, an solchen scharfen

Einzelheiten die Nerven befriedigend, verliert man das Gefühl für innere Zusammenhänge, für den tieferen Sinn des Schauspieles, das man da aus gefährlicher Nähe kontrolliert. Manchmal, von der falschen Falte um den Mund eines Darstellers gebannt, überhört man Entscheidendes, manchmal, dem Komödianten allzu sehr an die Maske gerückt, übersieht man die geschichtliche Bedingtheit und Bedeutung der Rolle, die er spielt.

Trotz solchen kleinen unvermeidlichen Mängeln ist diese politische Biographie wichtig und wesentlich wie wenige Bücher der letzten Zeit. Was da erzählt wird, ist nicht nur die merkwürdige und abenteuerliche Geschichte des Joseph Fouché, die Geschichte eines Politikers, dem die Macht alles, und die Überzeugung, die Reinheit, der Ruhm nichts waren, sondern auch die sozialpsychologische Geschichte des Bürgertums, das mit einer Revolution begann, um mit der Polizei zu enden. Alle Charaktere, alle überragenden Männer verkörperten eine Phase des bürgerlichen Aufstieges und endeten mit ihr, Mirabeau und Danton, Robespierre und Napoleon, nur Joseph Fouché und Charles Maurice Prinz von Talleyrand, der hagere Halbmönch und der hinkende Bischof, die stets der Majorität Verschworenen, überleben alles und alle; die anderen fallen für ihre Fahne – sie tragen Fahnen nur, um sie nach dem Wind zu drehen. Die Geschicklichkeit triumphiert über Idee, Gesinnung und menschliche Größe.

[...]

Ja, Bürgerzeit, Bürgerwelt beginnt: Gesinnung ist Dummheit, Charakter Geschäftsstörung, Revolution Verbrechen. Die Männer der Idee und des Genies sind tot – sie alle überdauert der Polizeiminister Fouché. Er konnte sich freilich nicht lange halten, er lebte schließlich als Privatier in Linz und starb als frommer Christ und Millionär in Triest. Aber sein Apparat und sein Schatten sind nicht tot, sie sind der Hort und der Inhalt der Bürgerwelt. Der Geist der Revolution aber, unsterblich und unantastbar, verkörperte sich in einer neuen Klasse, im internationalen Proletariat...

»Zweifellos beherrscht eine heroische Natur durch ihr bloßes Dasein noch für Jahrzehnte und Jahrhunderte das geistige Leben, aber nur das geistige. Im realen, im wirklichen Leben, in der Machtsphäre der Politik entscheiden selten – und dies muß zur Warnung vor aller politischer Gläubigkeit betont werden – die überlegenen Gestalten, die Menschen der reinen Ideen, sondern eine viel geringwertigere, aber geschicktere

Gattung: die Hintergrundgestalten.« Kein Zweifel: diese pessimistischen Worte Stefan Zweigs sind Wahrheit; aber sie sind nicht die ganze Wahrheit. Denn über den Augenblick hinaus, der den »Hintergrundgestalten« gehört, wirkt die reine Idee, der weniger Erfolgreiche dienen. Fouché hat gesiegt, aber die Französische Revolution hat eine Gesellschaftsordnung umgestürzt, und kommende Generationen gelehrt, daß alle Ordnungen umzustürzen sind.

(1929)

Weltstadtjugend? – Brünstiger Zauber!

[...] Von Otto Zareks Roman: ›*Begierde*‹ – er nennt sich im Untertitel: »*Roman einer Weltstadtjugend*« – ist das 11. bis 15. Tausend erschienen. Eine Auflagenhöhe, die um so erstaunlicher ist, als das Buch 700 Seiten umfaßt. Wer kauft heute eine so dicke Belletristik, vorausgesetzt, daß sie nicht von Thomas Mann oder Wassermann stammt? Und was lockt die Tausende zu diesen 700 Seiten? Die begeisterten Worte Stefan *Zweigs*? Sie sind auf jedem Umschlag zu lesen und lauten: »Selten ist so kühn in die unsichtbarsten Bezirke der Großstadt, in die Schattenreiche des Eros hineingeleuchtet worden.«
Schattenreiche des Eros – ich komme am Schluß auf Stefan Zweig zurück.
[...]
Schattenreiche des Eros – ich komme nun endlich zu *Stefan Zweig*. Es ist nicht das erste Mal, daß er sich zu einer Lobhudelei über einen unwürdigen Gegenstand herbeiläßt. Auch dem Roman Heinrich Eduard Jacobs: ›Blut und Zelluloid‹, dessen Haltung in unserem vorigen Literaturblatt mit Recht angegriffen wurde, hat er einen Essay gewidmet, der von einer seltenen Verwahrlosung der Urteilskraft zeugt. »Darum behält es so viel Brio«, schreibt er darin, »darum liest es sich so leicht, dieses Buch, so wie edler Wein sich leicht trinkt; ein sehr feiner Rausch geht von ihm aus, nicht eine jener groben Trunkenheiten, die die Seele verdumpfen und den Willen im Leib verdösen, sondern jene andere hafisische Trunkenheit, die spitze und feine, die nervenerhellende, die sinnlich belebende, die urdichterische, die...« Und so weiter. Welch eine Verwirrung der Gefühle und der Adjektive um solcher Produkte willen! Ich frage: was ist geschehen, daß ein gefeierter und einflußreicher Autor sich so leichtsinnig der Verantwortung entäußern kann, die er der Öffentlichkeit schuldet? Er mindert sein eigenes Ansehen; er verhilft schlechten Machwerken zur Geltung; er bringt die literarische Kritik vollends in Verruf. Sie hat allerdings schon lange ihren ehrlichen Namen verloren und ist zum korrupten Gewerbe geworden. Mehr oder

minder unbekannte Kritiker füllen die Tageszeitungen und Zeitschriften mit Rezensionen, die entweder ahnungslos sind oder vom persönlichen Vorteil diktiert. Dilettantische Willkür, Cliquenwirtschaft und unsachliche Interessen beherrschen das Feld. Wenn nun auch die verdienten und verdienenden Schriftsteller, die es gar nicht nötig hätten, das ihnen entgegengebrachte Vertrauen mißbrauchen, wird die Unzuverlässigkeit gar noch sanktioniert und der Schmutz bald nicht mehr zu beseitigen sein. Was ist geschehen im literarischen Deutschland? Und wohin sind die redlichen Kritiker geschwunden, deren Sehvermögen ungetrübt ist? Sie täten uns dringend not.

(1930)

Wie erklären sich große Bucherfolge?
Stefan Zweigs Novellen

In zahlreichen Fällen mag es eine etwas heikle Aufgabe sein, ein so irrationales und von den schärfsten Kennern der Publikumspsychose oft nicht vorauszusehendes Faktum wie einen großen Bucherfolg hinterher zu analysieren und zu erklären. Im vorliegenden Fall jedoch, bei den Novellen Stefan Zweigs, läßt sich auf Grund der gelungenen und offen zutage liegenden Mischung der in ihnen enthaltenen Erfolgselemente und mit Hilfe mancher Zeugnisse begeisterter Leser vielleicht klarer als sonst ein Bild gewinnen, aus dem man ersehen kann, wie Bücher beschaffen sind, die breiten Schichten gefallen.

Erstaunlich bleibt der große Erfolg der Novellen Stefan Zweigs trotzdem, vor allem wenn man bedenkt, daß Novellenbände im allgemeinen sich keiner besonderen Gunst des deutschen Lesepublikums erfreuen und daß zudem der sorgfältige und gewählte Stil dieses Schriftstellers und seine literarisch exklusive Haltung ihn wohl ausschließlich an gebildete und sozial höhere Schichten verweisen.

Erstaunlich bleibt es trotzdem, daß, um Zahlen zu nennen, beispielsweise ›Amok. Novellen der Leidenschaft‹ im 70. Tausend, der Band ›Verwirrung der Gefühle‹ im 85. Tausend und die Novellenbändchen in der billigen Inselbücherei schon im 140. Tausend vorliegen. Hier sollen nur diese Novellen auf den Grund ihrer Wirkung hin betrachtet werden. Denn aus ihnen spricht ein ganz besonderes, artistisch außerordentlich geschickt drapiertes Lebensgefühl, dessen Attraktionskraft gerade darum besonders symptomatisch für eine Verwirrung unserer Zeit sein muß, weil sie auch sonst sehr kritische und geschmackvolle Leser erfaßt. Die überaus erfolgreichen historischen Miniaturen Stefan Zweigs beziehen ihre Wirkung anderswoher, vom interessanten Stoff zunächst, ebenso seine bekannten literarischen Porträts.

Die angeführten Novellenbände Stefan Zweigs sind zum größten Teil nach dem Krieg erschienen, zwischen 1923 und 1926. Aber die Geschichten spielen alle vor dem Krieg. Bei einigen sagt es der Autor ausdrücklich, bei anderen ist es anzunehmen. Jedenfalls wird in den vielen Novellen mit keinem Wort die Zeit erwähnt, in der wir leben, obwohl der Autor Abschweifungen liebt und der Ablauf der Leidenschaft nicht mit radikaler und fanatischer Ausschließlichkeit vorgeführt wird wie in den thematisch scheinbar ähnlichen, allerdings bei uns nicht so erfolgreichen Romanen Julien Greens.

Es besteht nicht der mindeste Zweifel, daß die breite Wirkung dieser Novellen zunächst dem Umstand zuzuschreiben ist, daß sie in einer historischen Patina schillern.

Die Novellen spielen aber nun nicht etwa in einer unbestimmten Friedenszeit, in einer Sphäre, die der Autor selber schafft, um unabgelenkt von ewigen Trieben und Gefühlen sprechen zu können. Sie spielen vielmehr in den letzten Jahren vor dem Krieg, genauer fast immer in der Welt des gebildeten und gesicherten Bürgertums. Es ist sehr bezeichnend, daß in der einzigen Novelle, die ganz im Dunkel der Gesellschaft spielt, in einer schmutzigen Matrosenkneipe in einer französischen Hafenstadt, der Held der Geschichte ein vermögender Bauer ist.

Manchmal nur angedeutet, oft unsichtbar, aber immer beherrschend steht auch noch hinter der passioniertesten Geschichte diese gesicherte Welt der Vorkriegszeit mit ihrer bestimmten moralischen Ideologie. Der Autor identifiziert sich zwar durchaus nicht mit ihr, aber alle Geschichten erhalten ihren besonderen Akzent dadurch, daß sie mit dieser Welt zusammenstoßen. Die Welt des gesicherten Bürgertums wird hier als etwas Unveränderliches angenommen, sie wird als Kunstmittel benutzt, um die Leidenschaften und Gefühle besonders tragisch werden zu lassen. So wird beispielsweise in der Novelle ›Untergang eines Herzens‹ von einem Geheimen Kommissionsrat erzählt, dessen rasches Versinken damit beginnt, daß er während eines Ferienaufenthaltes in einem Hotel seine junge unverheiratete Tochter um vier Uhr morgens aus einem fremden Zimmer kommen sieht. Oder in der Novelle ›Verwirrung der Gefühle‹ erscheint die zentrale Gestalt des Universitätsprofessors darum vor allem rührend und tragisch, weil seine homosexuelle Veranlagung ihn auch in den Augen seiner sonst recht liberalen Frau zu einem verfemten Menschen macht, der nur gehetzt und geheim sich ausleben kann.

Mit diesem Kunstgriff, mit dieser epigonalen Beschwörung einer antiquierten Welt erzielt der Autor, wie man an der Begeisterung seiner Leser sehen kann, seine stärksten Wirkungen.

Einerseits erhalten die Novellen durch den Zusammenprall der Leidenschaft des Gefühls mit einer zwar schattenhaft fortspukenden, hier aber wie ein ehernes Verhängnis hingestellten Welt etwas sozusagen Klassisches, einen Similiglanz der Vollkommenheit, der meist gefälliger wirkt als echtes Feuer. Andrerseits wird durch die betonte Anteilnahme des Autors am Schicksal seiner sympathischen Helden, die fast immer einer Katastrophe zutreiben, es dem Leser leicht gemacht, sich fortschrittlich und über herkömmliche Ideologien erhaben vorzukommen. Der gehobene Leser – denn nur um solche handelt es sich bei Stefan Zweig – fühlt sich geschmeichelt und vag bestätigt.

Immer jedoch bleibt es entscheidend für den Erfolg der Novellen, daß in ihnen auch gegen überalterte Ideologien nicht offen gekämpft wird, sondern daß der mitreißende, unkontrollierbare und irrationale Sturm der Leidenschaft einen quasi tragischen Konflikt erzeugt. Die Helden der Zweigschen Novellen sind Amokläufer, Rasende, Verhexte oder Verzauberte, die für ihr Tun zwar nicht verantwortlich sind, aber mit ihrem Tun doch irgend etwas demonstrieren sollen, etwas Unbestimmtes, Geheimnisvolles, was Zweig selber durch eine seiner Figuren unübertrefflich erklären läßt: »Ich lebe, indem ich mich leben lasse von der Macht, die ich ... so magisch gespürt. Wohin sie mich treibt, frage ich nicht: vielleicht einem neuen Abgrund entgegen, was die anderen Laster nennen, oder einem ganz Erhabenen zu. Ich weiß es nicht und will es nicht wissen. Denn ich glaube, daß nur der wahrhaft lebt, der sein Schicksal als ein Geheimnis lebt.«

In einer Zeit, in der das Leben der allermeisten Menschen in vorgeschriebenen Bahnen läuft, wo die dringendsten Sorgen nicht mehr privat sind und die Abenteuer ihren Glanz verloren haben, liest man nur allzu gern, wie man sieht, solchen bombastischen und unbestimmten Appell. Nur allzu gern hört man erzählen von den »Schmerzen schwärmerischer Liebe und der Folter herrschender Leidenschaft«, wo ganz etwas anderes schmerzt und foltert. Der versorgte, verängstigte Mensch dieser Zeit und gerade der Mensch aus den höheren Schichten, der im oft vergeblichen Kampf um die Aufrechterhaltung seines Lebensstandards seine Gefühle fast immer verkapseln muß, greift darum begierig zu diesen Geschichten, weil in ihnen die Leidenschaften zwar unwahrscheinlich, aber dafür um so prächtiger und ungehemmter sich austoben und das private Schicksal noch in der Katastrophe schwelgerisch triumphiert.

Für die gebildeten Leser kommt außerdem noch die in ihrer Wirkung nicht zu unterschätzende Genugtuung hinzu, mit den Novellen Stefan Zweigs im hohen und strengen Bereich der Dichtung zu schweben, während sie in Wirklichkeit nur der Suggestion eines kultivierten und geschickten Epigonen unterliegen. Wie flüssig und zugleich wie edel, wie österreichisch reizvoll und elegant versteht der Verfasser von den Abenteuern der Seele zu plaudern! Wie meisterhaft ist es ihm gelungen, jede Härte aufzulockern und doch das traurigste Schicksal und den trübsten Rausch zu vergolden und schmackhaft zu machen! Die weißen Rosen, die in der vielleicht beliebtesten Novelle ›Brief einer Unbekannten‹ eine so wichtige Rolle spielen, sind symbolisch für die Art, wie der Verfasser seine scheinbar so unerbittlichen Geschichten mit sentimentalem, Erfolg verbürgendem Zierat schmückt.

Stefan Zweigs gewählte Sprache hat immer einen gehobenen und leicht feierlichen Ton, einen Ton, der notorisch viele Leser entzückt. Selbst wenn ganz einfache und alltägliche Dinge gesagt werden sollen, bleibt der Stil gehoben und oft von umständlicher Eleganz. So beschreibt etwa ein Student, der an einem heißen Sommertag einen Turm besteigt und beim Anblick eines Sees Lust zum Schwimmen bekommt, diese Anwandlung folgendermaßen: »Nun liebte ich wasserkantiger Nordländer leidenschaftlich den Schwimmsport und gerade hier oben auf dem Turm, zu dem selbst wie grünes Teichgelände die gesprenkelten Wiesen emporschimmerten, überkam mich, als wäre es hergestürmt vom heimatlichen Wind, plötzlich ein unbändiges Verlangen, mich wieder in das geliebte Element zu werfen.«

So vornehm, preziös und ein wenig verstiegen wünschen sich, wie man annehmen muß, im Zeitalter der Sachlichkeit viele Menschen zu sprechen. Ein solcher klassizistischer Ton, fast mit einem Original zu verwechseln und sonst im Leben nirgends zu vernehmen, hebt in die beliebten höheren Sphären, die so traumhaft unwirklich sind wie die meisten Novelleninhalte selber.

Aber noch eine andre, für den Erfolg mindestens ebenso wichtige Wirkung hat dieser Ton. Er schafft Distanz, er mildert und glättet alles Harte und Brutale, die üblen, oft nicht zu umgehenden Folgen einer Monomanie.

Die Menschen in den Novellen gehören fast alle den höheren Ständen an. Aber kommen sie, getrieben von ihrer Leidenschaft, in Berührung mit einer nicht ebenbürtigen Welt, so ist es sehr interessant zu beobachten, daß dem Autor der gewählte Ton nicht mehr genügt, daß er überdeutlich die Distanz markieren muß. So wird von den Eskapaden des Professors erzählt: »Er reiste dann immer in eine Großstadt, wo er an abseitiger Stelle Vertraute fand, Menschen niederen Standes, deren Begegnung beschmutzte, hurenhafte Jugend statt der heilig hingegebenen, aber dieser Ekel, dieser Sumpf, diese Widrigkeit, diese giftige Beize der Enttäuschung ist ihm not, um dann daheim, im vertrauend gescharten Kreise der Studenten, seiner Sinne wieder standhaft gewiß zu sein.«

Liest man solche und manche ähnliche Sätze, so weiß man zwar und kann es erklären, daß sie auf viele Zeitgenossen, die um jeden Preis einen verblasenen Idealismus sich bewahren wollen, unwiderstehlich wirken, aber man glaubt es kaum, daß sie von einem überaus gebildeten und mit der modernen Seelenforschung vertrauten Autor stammen.

Gewiß hat Stefan Zweig, subjektiv unanfechtbar, mit solchen Novellen und diesem besonderen Ton nicht auf einen Erfolg spekuliert. Aber er ist einem Zwang erlegen, der mächtiger war als sein eigenes kritisches Bewußtsein, dem Zwang des klassizistischen Stils, dem er mit wachen Sinnen allerdings einen besonders süffigen Charakter gegeben hat.

Stefan Zweig erzählt in der bekannten Mischung vom einmaligen, unverwechselbaren Geheimnis der Seele, er schildert die furchtbare, maßlose und bezaubernde Schönheit der unabgelenkten Leidenschaft, und er hat einen überraschenden Erfolg damit, aber dieser Erfolg war erst dann garantiert und gründlich, als das Publikum der höheren Stände entdeckte, daß die Vornehmheit des Stils zugleich ein gesellschaftliches Merkmal sein kann.

(1931)

Die Heilung durch den Geist

›Die Heilung durch den Geist‹, Stefan Zweigs neuestes, im Inselverlag, Leipzig erschienenes Werk, befaßt sich mit drei Persönlichkeiten, die den Versuch unternommen haben, Menschen durch den Geist zu heilen: Franz Anton Mesmer, Mary Baker-Eddy und Sigmund Freud. Der Aufsatz über Mesmer ist der interessanteste. Dieser geniale Arzt, groß als Mensch und als Forscher, vielgerühmt und mehr noch geschmäht und mißverstanden, ist der erste der ins Unbekannte vorstoßenden Seelenärzte. Seine Lebensbeschreibung liest sich wie ein spannender Roman. Der Magnetiseur und Magier, der Wien und Paris bezaubert, auf der Höhe seines Ruhms fallengelassen und verfemt wird, einsam und in Vergessenheit als schlichter Landarzt stirbt, der Aufspürer geheimnisvoller Kräfte, der beinahe die wunderbarste Entdeckung macht, die aller medizinischen Forschung um ein Jahrhundert vorauseilen würde, an diesem Beinahe aber scheitert – eine solche Persönlichkeit wird die Menschen immer fesseln, aufrühren und zur Bewunderung zwingen. Die Klugheit und Hellsichtigkeit, mit der Zweig dem Geheimnis dieses Menschen nachspürt und auf den Grund geht, ist außerordentlich. – Mary Baker-Eddy, die Begründerin der Christian Science, schildert Zweig ebenso meisterlich, und diese Schilderung ist doppelt eine künstlerische Leistung, weil das Objekt der Schilderung keineswegs von vornherein ein beachtenswerter Mensch gewesen ist. Die Gründerin der größten religiösen Sekte Amerikas war eine mittelmäßig begabte, wenig gebildete, nicht besonders kluge und bestimmt sehr unsympathische Hysterikerin, die vierzig Jahre lang ihren Angehörigen zur Last fiel und allen Leuten, mit denen sie in Berührung kam, auf die Nerven ging. Ihr späterer Erfolg war nichts als eine Energieleistung ungewöhnlichster Art. Durch eine Energieleistung wird eine Frau in der Regel nicht sympathischer, auch nicht interessanter. Zweig schildert aber das Werden und die Vollendung dieser Energieleistung so fesselnd, daß man sich für die Baker-Eddy von Zeile zu Zeile lebhafter interessiert. – Der letzte Aufsatz, der sich mit Sigmund Freud befaßt, ist der ruhigste und nüchternste. Wer nicht viel von den Anfängen der Psychoanalyse weiß, wird bei der Lektüre viel zulernen.

›Die Heilung durch den Geist‹ bestätigt aufs neue, daß Stefan Zweig die Kunst, ungewöhnliche Menschen im Rahmen eines Aufsatzes zu porträtieren, blendend beherrscht.

(1931)

Gruß an Stefan Zweig. Zum fünfzigsten Geburtstag

Stefan Zweigs Bedeutung als Dichter wird sicher von anderen gewürdigt. Lassen Sie mich auf die entscheidende Rolle hinweisen, die er im Kampfe der legitimen Historiker gegen die wenigen Autoren spielt, die aus dichterischer Intuition Menschen der Vergangenheit wieder aufzubauen suchen. Wir sind, Zweig und ich, seit Jahren draußen in der Welt so oft zusammen gerühmt und in der Heimat so oft zusammen angegriffen worden, daß ich mich dieser Kameradschaft in beiden Formen freue. Während er sich mehr zur Darstellung des platonischen Lebensablaufes hingezogen fühlt, liegt mir mehr die des aktiven Menschen; trotzdem hat Zweig mit seinen Bildnissen von Fouché, von Casanova und anderen prachtvolle Beispiele gegeben, die er, so viel ich weiß, noch bedeutsam zu vermehren denkt. Der männliche Wille und die wirkliche Hingabe, diese Mischung von Kraft und Biegsamkeit, von Produktivität und Sichverlieren, aus deren Zusammenwirken allein Dichtung entsteht, zeichnen Zweigs Werk überall aus und erheben es über literarische Moden. Hier ist ein großer internationaler Autor, der, mit den Besten seiner Zeit verbunden, den Vorblick in die Zukunft nicht zu scheuen braucht. »Und so fortan!«

Zürich, 24. November 1931.

Stefan Zweig. Zum fünfzigsten Geburtstag

Daß Stefan Zweig heute seinen fünfzigsten Geburtstag feiert – aber hier stock' ich schon. Denn nichts liegt dem ganzen, jede Emphase verabscheuenden Wesen dieses Menschen ferner, als etwas zu »feiern«, das er lediglich als reine Privatangelegenheit betrachtet. Viel eher müßte man sagen: heute feiert sein fünfzigster Geburtstag den in aller Welt berühmten Österreicher.

Daß Stefan Zweig also heute sein fünfzigstes Lebensjahr vollendet: niemand würde ihm das ansehen. Aber nicht deshalb vielleicht, weil er so glänzend »konserviert« ist, sondern einfach deshalb, weil dieser Dichter es verstanden hat und zeit seines Lebens verstehen wird, sich seine Jugendlichkeit auch nach vergangener Jugend zu bewahren.

In welcher Verfassung einer sein fünfzigstes Lebensjahr erreicht: das ist weit mehr noch ein seelisches Problem als eine körperliche Erscheinung. Älterwerden bedeutet einen Prozeß, der sich viel entscheidender von innen nach außen als von außen nach innen vollzieht.

Die fünfzig Jahre Stefan Zweigs sind überreiche Erfüllung eines Lebensabschnittes und zugleich unablässige Reaktion auf ihn; ein vehementes Sichwehren der Vergangenheit gegen die Vergänglichkeit. Nicht einen Augenblick lang nachgeben: so bleibt man jung.

Nein, es ist kein Zufall, daß dieser schlanke, elastische, unauffällig vornehme Gentleman sich so gar nicht verändert hat, seit ich ihn vor etwa achtzehn Jahren zum erstenmal von Angesicht zu Angesicht erblickte: in Paris, an einem Frühlingsmorgen, auf der Terrasse eines gar nicht eleganten Cafés. Er saß dort in einem stillen Winkel, als wollte er sich verstecken, aber glücklich wie ein Junge in den Ferien schmeckte er mit allen Sinnen die ersten Liebkosungen der Sonne, den frischen Geruch des aufgehenden Tages, des aufgehenden Lebens. Ohne ihn noch persönlich zu kennen, so wie ich ihn dort in seiner bescheidenen Ecke überraschte, beneidete ich Zweig schon damals um seine Fähigkeit, sich kindlich dem Augenblick hinzugeben, ihn schwelgend auszukosten. Diese immer wieder vom Zauber des Erlebens überwältigte, doch niemals abgestumpfte Empfänglichkeit, diese Gottesgabe vor allem bewirkt es, daß niemand Stefan Zweig seine fünfzig Jahre glauben würde.

Das andre Geheimnis dieses Dichters: er weiß um die Schattenreiche der Vergangenheit, aber jede Vergangenheit wandelt sich ihm zur atmenden Gegenwart zurück; er gibt sich der Gegenwart hin und tastet an ihr die Vorzeichen der Zukunft ab. Der Kreislauf allen Geschehens schließt sich ihm zu einer vollendeten, gleichsam biologischen Synthese, die in allen Werken Zweigs, mögen sie wie immer betitelt sein, mag es sich um Essay oder Novelle, um Lyrik oder Drama handeln, stets den gleichen Namen trägt: unmittelbares Leben. Ob Gestaltung einer großen Figur aus der Historie oder »kleine Chronik« eines Schicksals, die aus keiner andern Wirklichkeitszone kommt als aus jener letzten traumverhangenen Einsamkeit des schöpferischen Künstlers mit sich selbst, aus jener horchenden, geheimnisvollen Tiefe, wo nur noch das Pochen des eigenen Herzens vernehmbar ist: überall ergreift jene absolute, höhere Wahrhaftigkeit, die jung und echt bleibt, weil sie sich niemals von den äußeren Verwandlungen und Verstellungen der Zeit: von der Mode verlocken läßt.

Bei aller inspirierten, bildnerischen Kraft des mit unfehlbarer Präzision gehorchenden Ausdrucks und bei allem Überfluß an Imagination ist Zweigs Phantasie niemals zur bloß schillernd trügerischen und sich selbst betrügenden Maske geworden, die allmählich unter der Fäulnis dicke Jahresringe der Schminke ansetzt, die früher oder später abfallen muß, um ein inzwischen längst ausgehöhltes, längst von Verfall und Untergang gezeichnetes Antlitz zu entblößen. Dieser von jeder Sehnsucht und Sensibilität verfeinerte, von dem Klangrausch und dem Rhythmus des Wortes besessene Sprachkomponist fühlt sich seit jeher zu dem Chaos der Seele magisch hingezogen, zu den Abgründen und Irrwegen menschlicher Leidenschaft, er liebt den tragischen Kampf mit dem Dämon, er läßt sich neugierig in die Verwirrung der Gefühle verstricken, er stößt in den rätselhaften Labyrinthen des Unterbewußten bis zu den letzten Schauern vor: aber niemals unterliegt Zweig der Versuchung, niemals kehrt er mit einer gefälligen und bequemen Lüge an die Oberfläche zurück. Er beschönigt nichts, er verwirft nichts, er läßt sich zu keiner Schmeichelei und zu keiner noch so effektvollen und marktgängigen Demagogie verleiten. Er bildet fremdes Leben nach, formt das Gleichnis vergangener Epochen oder bleibt Dichter aus seinem eigenen Leben, aus seiner ureigensten Substanz: und überall gestaltet er aus einer strengen, unbestechlichen Aufrichtigkeit und Rücksichtslosigkeit gegen sich selbst heraus, aus einem heroischen Zwang nach Erkenntnis und Selbsterkenntnis, aus einem organischen Trieb, der seit jeher und in aller Ewigkeit Not und Qual des wahren Künstlers ist. Not und Qual – aber zugleich auch Dauer.

Not und beseligende, erlösende Qual des Schaffens... Doch Stefan Zweig war es seit jeher auch vergönnt, den kostbarsten Tropfen Lust aus dem Leben zu saugen. Was andern Traum und unmögliches Phantom bleiben muß ein Dasein lang, ihm hat es sich erfüllt: sein eigenes Leben leben zu dürfen, unabhängig und in Treue zu sich selbst seine Jahre unter Auslese des Wesentlichen mit zielbewußtem Willen zu einem Kunstwerk zu gestalten.

Stefan Zweigs Leben: es ist Arbeit und Einsamkeit in dem stillen Haus auf dem Kapuzinerberg in Salzburg und Aufspüren von hundert fremden Ländern, es ist besinnliche Abgeschlossenheit und geistiges Kommunizieren mit jeder Ferne, es ist Scheu vor der Menge, vor dem Lärm und den Eitelkeiten der Straße und schamhaftes Bedürfnis nach menschlicher Nähe und Wärme. Wie kann dieser schüchterne, jeder Zärtlichkeitsbezeigung abholde Mensch lieben, und wie braucht er Liebe...

Er ist ein wunderbarer Freund: man darf ihm sein Herz und seine Schwäche offenbaren und muß doch nicht fürchten, diesen Freund zu verlieren. Sein Zuhören ist ohne Verurteilen und ohne Überhebung, nur Teilnahme und Bereitsein, die Vertrauen und Zuneigung schenken. Er verbreitet nicht nur Anregung, etwas wie ein knisternd leuchtendes Fluidum von Geist und Klugheit um sich her: man spricht mit ihm, und vieles, das so schwer und verworren schien, wird plötzlich einfach und leicht. Er hilft.

Auch diese Fähigkeit, brüderlich Freund zu sein, gehört mit zu der Jugend, die Stefan Zweig sich unverlierbar zu bewahren wußte.

Ein Fünfziger? Höchstens in e i n e r Beziehung ist Stefan Zweig etwas von Älterwerden anzumerken, und selbst dies ist nur danach angetan, ihm die Gefolgschaft der jungen und jüngsten Generation um so inniger zu sichern: mit den zunehmenden Jahren und mit dem zunehmenden Verfall alles Geistigen in der Welt ist der Dichter sich immer stärker und stärker seiner Verantwortung bewußt geworden, bewußt der ihm auferlegten Pflicht, über alles persönliche Wirkungsbedürfnis hinaus zu warnen und zu bessern.

Die Zeit jetzt ist schrecklich, und in manchen unsrer Besten ist wie ein lähmendes Gift die skeptische Angst, nicht bessern, nichts ändern zu können, nur verachten zu müssen. Stefan Zweig darf sich nicht entmutigen lassen. Zu viele sind da, die sich von der moralischen Autorität seines Wortes auch den Mut erwarten, noch hoffen zu dürfen. Wir sind umdroht von Elend und Vernichtung auch der höchsten metaphysischen Werte. Aber vergessen wir nicht: noch immer war die Idee, die Gesinnung der große Erneuerer und Zukunftbringer. Noch immer ist uns die Heilung durch den Geist gekommen. Noch immer hat der demütige Glaube an den Geist schließlich recht behalten gegen alle Gewalt der Materie.

Auf unsre dunkle Gegenwart läßt sich ein Wort Emile Zolas anwenden: sie ist »das leidenschaftlich bewegte Feld, auf dem das Leben der Völker ringt und wo Geschichte gesät wird für künftige Ernten von Wahrheit und Gerechtigkeit«.

Wir haben versucht, Zweig zu danken; aber es sei uns auch erlaubt, an seinem fünfzigsten Geburtstag an den Dichter des ›Jeremias‹, an den Biographen und Freund Romain Rollands eine Bitte zu richten:

Möge er das Feld nicht angewidert räumen, ob es auch noch so leidenschaftlich bewegt sei. Mehr denn je brauchen wir die jugendlich ungebrochene Führerkraft eines Stefan Zweig in dem Kampfe um die Aussaat der Wahrheit und Gerechtigkeit, selbst auf die Gefahr hin, daß erst Glücklicheren, erst den Geschlechtern nach uns die Ernte beschieden sein werde.

Es gibt Ziele, die wir vielleicht niemals erreichen werden; aber es wäre Fahnenflucht, sie aufzugeben.

(1931)

Horen der Freundschaft

Er war von Natur aus kein Gefühlsmensch, oder aber, er konnte und wollte die Herzlichkeit seiner Empfindungen nicht unmittelbar ausdrücken und zur Schau tragen. Wem er sich aber einmal verbunden fühlte, dem brachte er eine unbegrenzte, liebevolle Brüderlichkeit entgegen, und ich glaube, daß Freundschaft zu seinen höchsten Glücksmöglichkeiten zählte. Vor allem aber war er ein Mensch von einer ganz ungewöhnlichen, vielleicht einmaligen Generosität und Hilfsbereitschaft. Er stammte aus reichem Haus und hatte von Kindheit auf, auch in seiner Laufbahn als Schriftsteller, nie materielle Sorgen und Nöte gekannt. Desto größer – und tatkräftiger – war sein Verständnis für die Nöte und Sorgen der anderen, besonders der jungen Schriftsteller und Künstler, von denen er unzählige, und zwar nicht aus eitler Mäzenatensucht oder in herablassender Wohltätigkeit, sondern mit einer selbstverständlichen Kameradschaft, in ihren Anfängen, andere auch in ihrem Alter unterstützte. Er tat das unauffällig, mit aller Diskretion, die geringste Publizität wäre ihm ein Greuel gewesen, und Dank versetzte ihn in Verlegenheit. Wo er irgend konnte, half er über das Materielle hinaus mit Empfehlungen, Ratschlägen, Verbindungen – kein Brief, kein Ferngespräch oder selbst keine Reise wäre ihm zuviel gewesen, um einem jungen Autor, den er für förderungswürdig hielt, den Weg zu ebnen. Ich hatte das, als wir uns kennenlernten, Gottseidank nicht mehr nötig, doch der Beginn unserer Freundschaft war ähnlichen Ursprungs. Kaum hatte er erfahren, daß ich mich in der Nähe von Salzburg niederzulassen gedachte, da suchte er, der Ältere und Weltbekannte, von sich aus die Begegnung, lud mich in sein Haus, fuhr nach Henndorf, um sich das unsere noch im Rohzustand anzuschauen, und zog mich in seinen Kreis von bedeutenden, mir damals noch kaum zugänglichen Persönlichkeiten. Dabei hatte ich noch nichts aufzuweisen als zwei durchgefallene Stücke, einen wilden Skandal an einem Provinztheater, ein schmales Gedichtbändchen und den allerdings sensationellen Erfolg des ›Fröhlichen Weinberg‹, der sich aber genausogut hätte als Eintagsfliege erweisen können und außerdem ein bewaffnetes (nämlich mit Druckerschwärze, Stinkbomben, Gummiknüppeln und Schlagringen) Heer von Gegnern auf den Plan gerufen hatte. Aber gerade das entsprach seiner Ritterlichkeit und war ihm genug, um die Freundeshand auszustrecken: ein junger, umstrittener, Lob und Widerspruch provozierender Autor, an dessen Talent und Entwicklung er einfach bedingungslos glaubte. Das Geben und Schenken gehörte so sehr zu seinem Wesen, daß er sich damit nicht auf Notleidende beschränkte: er empfand das als eine Form des menschlichen Zusammenlebens. Nie hätte er gezögert, einem Autor, der mit der Konstruktion und dem Plan einer Arbeit in Schwierigkeiten war, mit seiner Erfahrung, seinem Wissen und seinen Einfällen beizustehn, ohne wie andere, wenn sie nur einen Darmwind zu einem produktiven Werk beigesteuert haben, sich als »Mitarbeiter« zu brüsten. Umgekehrt kam er mit einem Stück zu mir, dessen Vorspiel ihm nicht recht von der Feder ging, da es unter dem »Volk«, nicht sein gewohnter Gegenstand, und noch dazu in meiner engeren Heimat spielen sollte, und akzeptierte mit der gleichen selbstverständlichen Bereitschaft, daß ich ihm die Szene in einer guten Stunde völlig umschrieb. Es ist dabei weiter nichts Besonderes, es sollte unter schaffenden Leuten überhaupt so sein, und ist auch wohl in guten, unbefangenen Zeiten immer so gewesen. Als er zum erstenmal nach Henndorf kam, standen wir gerade vor dem Problem, einen neuen Ofen in unserer Wohnstube setzen zu lassen, da der alte zusammengebrochen war und wir den ganzen Raum in einem einheitlichen, dem Charakter des Hauses und der Landschaft entsprechenden Stil einzurichten wünschten: es kam dafür nur ein echter, ländlicher Kachelofen in Frage, und der war, wenn man neufabriziertes Kunstgewerbe ausschloß, nicht leicht zu beschaffen. Stefan strahlte. Er ließ sich die Maße geben und zog sich geheimnisvoll zurück. Am nächsten Tag kamen Transportarbeiter mit einem genau in seine Ecke passenden, altsalzburgischen, dunkelgrün getönten und besonders reizvoll ornamentierten Kachelofen, von dem er dann behauptete, er habe ihn unbenutzbar in seiner Wohnung auf dem Kapuzinerberg in der Rumpelkammer entdeckt; ich bin heut noch nicht sicher, ob er nicht stundenlang in Salzburg herumgelaufen ist, um ihn zu finden und ihn uns als »Einstand«, wie er das nannte, zu verehren. Sein zweites, für mich noch schöneres Geschenk waren die Hunde. Er besaß ein ganz außergewöhnlich prächtiges Exemplar von einem (im Gegensatz zu den Cokkers, die ich nicht sehr gern mag) hochbeinigen, langohrigen und wunderbar proportionierten Springer- oder Wasserspaniel, Vater vieler Hundegeschlechter, an dessen Namen ich mich zu meiner Schande nicht mehr erinnere: es ist so, als ob man den Namen Abraham vergessen hätte. Oder Adam. Jetzt fällt es mir plötzlich ein: er hieß schlichtweg Kasper. Stefan gesellte ihm dann, auch darin generös, damit der Hund für seine vitalsten Triebe nicht weit zu suchen habe, eine ebenso reinrassige (bei Hunden gibt es das) und wunderschöne Gefährtin bei. Dieser amourösen Ehe entsprang dann in den gesetzten Abständen ein Wurf – und ich weiß aus Erfahrung, wie schwer es ist, dessen Resultate, wenn man Hunde liebt und nicht einfach damit handelt, an den richtigen Mann zu bringen. Trotzdem werde ich es Stefan nie vergessen, daß er mir im zweiten Jahr unserer Henndorfer Menage das schönste Pärchen schenkte, Flick und Flock benannt, das es unter so vornehmen Tieren überhaupt geben kann: weiß und dunkelbraun gefleckt, mit Ruten wie Straußenfedern, die ich natürlich, der Konvention zum Trotz, nicht kupieren ließ, und von einem geradezu unvergleichlichen Hundeverstand: unter vielen Hunden meines Lebens habe ich mit Ausnahme eines Bernhardiners und einer Dackelhündin, die aber schon ein Mittelding zwischen Kind und Engel war, ähnliche Tierpersönlichkeiten nicht gekannt. Sie vermehrten sich in lieblichem und beneidenswertem Inzest, was in der ersten Verbindung keineswegs zu Degenerationserscheinungen führen muß: ihre Nachkommenschaft, die ich ihnen allerdings nur einmal im Jahr vergönnte, war untadelig. Eine kleine, ehepsychologische Studie haben mir die beiden auch vermittelt: im dritten oder vierten Jahr ihrer Lebensgemeinschaft erwies sich der Rüde Flock, der sonst während ihrer Läufigkeit vor Sehnsucht halb rasend war, als völlig uninteressiert und springfaul, die dauernde Nähe und Vertrautheit mit ihr hatte offenbar seine *libido* abgekühlt, und ich mußte erst einen, an der Kette festgehaltenen, Nachbar-Rüden herbeiholen, um ihn durch Eifersucht zu stimulieren: dann natürlich sprang er sofort und war verliebter als je.

Stefan Zweig war ein ausgesprochener Katalysator: unerschöpflich seine Freude, Menschen, von denen er etwas hielt, zusammenzubringen. So habe ich erst durch ihn Joseph Roth, den er besonders liebte, auch Bruno Walter und Toscanini kennengelernt, und später in London den aus Ekel und Abscheu emigrierten Dichter der ›Unwiederbringlichen Zeit‹, den Hamburger Joachim Maaß, mit dem mich dann im amerikanischen Exil eine enge, bis heute weiterwirkende Freundschaft verband. Auch das gehörte zu Stefans Gebefreudigkeit. Ansonsten war er ein komischer Vogel – mir fällt dieses Bild ein, weil er tatsächlich kleine und dunkle, scharf blitzende Knopfaugen hatte, in denen man die Wärme, auch die Melancholie, erst durch längere Vertrautheit erkannte. Er liebte Frauen, verehrte Frauen, sprach gern von Frauen, aber »in the flesh« – es gibt auf deutsch keinen gleichwertigen Ausdruck dafür – ging er ihnen eher aus dem Weg. Wenn er zum Tee bei mir in Henndorf war und meine Frau oder eine Freundin uns Gesellschaft leisten wollte, wurde er leicht nervös, ging auf keine richtige Unterhaltung ein, wehrte höflich ab, wenn man ihm etwas anbieten oder ihn bedienen wollte, so daß man uns dann verständnisvoll allein ließ: sofort taute er auf und überließ sich, unter Männern, seiner intensiven und immer anregenden Beredsamkeit. Dabei ließ er gern, mit listigem Zwinkern, kleine Andeutungen über erotische Erlebnisse fallen, zu denen er aber nie Zeit hatte, und am liebsten sprach er über die Stoffgebiete, die ihn gerade beschäftigten; es war eine Lust zuzuhören, was er da – auch hierin verschwenderisch – aus seinen abundanten Kenntnissen hervorsprudelte.

Einmal fragte meine Frau, als er nach einem solchen intimen Zwiegespräch gegangen war: »Was hat dir der Stefan heute so aufgeregt erzählt?« – »Den letzten Klatsch aus der Französischen Revolution«, sagte ich nur; denn er arbeitete gerade an seiner ›Marie Antoinette‹ und wußte über jede Phimose, Lues oder Gonorrhoe der Akteure so genau Bescheid, als sei er damals Hautarzt in St. Germain gewesen. Auch erwähnte er solche Dinge mit dem gleichen, diskreten Lächeln, die Hand etwas vor den Mund gelegt, wie es jener Arzt unter Freunden wohl getan hätte.

Einer seiner sonderbarsten Wesenszüge, in dem wohl schon die Tragik seines Freitodes ihren Schatten vorauswarf, war seine unerklärliche Angst vor dem Altern. Ich habe das bei keinem anderen Menschen, auch bei keiner Frau, in einer solchen Gradstärke kennengelernt. Als er fünfzig wurde, das war noch vor Ausbruch der Gewaltherrschaft in Deutschland und er selbst ein durchaus gesunder, rüstiger, durch keinerlei Unmäßigkeit, noch nicht einmal die seiner Arbeit, geschwächter Mann, verfiel er in eine tiefe Depression, die ihn wochenlang ruhelos machte, er trug sich mit Reiseplänen, die aber eines begonnenen Werkes wegen nicht zur Ausführung kamen – und schließlich bat er mich um einen, wie er es nannte, Freundschaftsdienst: er wollte jeder Art von Gratulation, Feier, Ehrung oder was für einen berühmten und beliebten Mann mit einem solchen Fest verbunden ist, entfliehen und allein mit mir, ohne Hinterlassung einer Adresse, nach München fahren, um den Tag dort fern von Mitwissern in einem kleinen, nur von Kennern besuchten jüdischen Restaurant zu begehen. Er liebte, gut zu essen, und hatte herausgefunden, daß man nirgends anders den blauen Karpfen, die gedämpfte Gänsekeule und alle Beilagen so vollendet zubereiten könne. Er gab sich, mit mir allein, diesem recht mächtigen Festessen mit vollem Behagen hin, plauderte lustig und angeregt über dies und das und ahnte nicht, daß die Wirtsleute, die ihn verehrten, über sein Geburtsdatum genau Bescheid wußten, nur aus Diskretion und Respekt davon keine Notiz nahmen. Zum Schluß, bei einem Schnaps, den diese Mahlzeit unbedingt nötig machte, sagte er plötzlich: »Eigentlich hätte man jetzt genug vom Leben. Was noch kommen kann, ist doch nichts als Abstieg.«

(1966)

Ein Brief Stefan Zweigs über die Kriegsgefahr.
Und die Antwort der proletarisch-revolutionären Schriftsteller

Die täglich sich verdichtende Gefahr der Intervention gegen die Sowjetunion erfordert in immer höherem Maße alle Kräfte, die gegen dieses Verbrechen Einspruch erheben würden, zusammenzufassen. Der Bund proletarisch-revolutionärer Schriftsteller Österreichs und die Arbeiterkorrespondenten haben sich daher an den bekannten bürgerlichen Schriftsteller Stefan Zweig, der verschiedentlich durch seine loyale Einstellung der Sowjetunion gegenüber aufgefallen ist, gewandt. Stefan Zweig antwortete dieser Aufforderung, Stellung zu dem sich vorbereitenden Weltbrand zu nehmen, mit folgendem Brief und mit folgender Erklärung, die für den Antikriegskongreß bestimmt sind.

Salzburg, am 16. Juni 1932.

Sehr geehrte Herren!

Ich sende Ihnen für Ihren Kongreß zur allfälligen Vorlesung oder für Ihre Zeitschrift einen Aufsatz, der meine Stellungnahme ausdrückt. Ich habe im selben Sinn auch wegen des großen Kongresses in Genf an Barbusse geschrieben, denn ich bin der Meinung, daß ausschließlich, wenn eine ganz breite Front jetzt gegen die japanische Kriegsgefahr gebildet wird, es möglich ist, das Unheil zu verhindern. Der Wille einer Partei genügt nicht, sondern es müssen sich alle Parteien in einer Art Waffenstillstand verbinden, ohne deshalb ihre Selbständigkeit aufzugeben. Ich wäre Ihnen dankbar, wenn Sie diese meine Worte im Kongreß verlesen würden oder sonst zugänglich machten, sie sind heute wesentlicher als jener Brief, der noch nicht die Gefahr voraussehen konnte. Mir scheint es das Wichtigste und das einzig Richtige, heute die große Front vorzubereiten.

Mit den herzlichsten Grüßen Ihr ergebener

Stefan Zweig

An den Bund proletarisch-revolutionärer Schriftsteller Österreichs.
Sie berufen im Namen der Gesellschaft der Freunde von Sowjetrußland
in Wien einen Kongreß ein, um gegen die vom japanischen Imperialismus der sowjetrussischen Republik und indirekt der ganzen Welt dro-
hende, Kriegsgefahr Stellung zu nehmen. Vermutlich werden alle oder
die meisten Ihrer Teilnehmer in der kommunistischen, in der sozialistischen oder in anderen Parteien verankert sein. Gerade deshalb ist es
vielleicht nicht unwichtig, daß auch diejenigen sich bei diesem Anlaß
aussprechen, die sich an keine Partei und nur an die menschliche Sache
gebunden fühlen.

Seit dem Weltkrieg ist die große Einheit, die vordem die Massen und
die ihnen durch ihr Gerechtigkeitsgefühl gesinnungsmäßig angenäher-
ten fortschrittlichen Elemente verband, völlig zerrissen und in bruder-
mörderische Feindschaft verfallen. Die Kommunistische Partei hat
vom ersten Tage an die Sozialdemokraten als ihre Erbfeinde, als die
»Sozialfaschisten« bekämpft und geschädigt, die Sozialdemokratie wiederum jahrelang in noch leidenschaftlicherer Weise als selbst die bürgerliche Presse die teilweise großartige Aufbauarbeit Sowjetrußlands
herabzusetzen gesucht, und beide haben sie alle jene geistig Radikalen,
die keiner Partei sich einorganisieren wollten, die freibleiben wollten
im Sinne der Gerechtigkeit, als unzuverlässige, laue und feige Außenseiter verachtet. Mehr als ein Jahrzehnt haben sich alle Organisierten
und Nichtorganisierten, alle Proletarier und geistigen Gruppen, die in
vieler Hinsicht das gleiche wollten – nämlich Absage an den Militarismus, Erhöhung der Menschenwürde, einen reicheren Aufbau der Da-
seinsformen – unermüdlich befeindet, und im Schatten dieses Kampfes
hat sich die Reaktion und der Staatsmilitarismus auf das herrlichste neu
gekräftigt und geeint.

Trotzdem, dieser Kampf war notwendig und bleibt es vielleicht weiterhin. Jede Idee muß und soll, um stark zu bleiben, ihre Unbedingtheit
rein behaupten und sich gegen unsaubere Vermengung und Kompromisse wehren. Wahrscheinlich lassen sich der Sozialismus, der Kommunismus und die Reste des alten fortschrittlichen Liberalismus in ihrer heutigen Form nicht mehr dauerhaft zusammenschweißen, ein
wirklicher Friede zwischen ihnen scheint mir nicht ehrlich und kann
nicht erzwungen werden. Aber neben den Gegensätzen enthalten alle

diese Gruppen gewisse Gemeinschaftlichkeiten, und diese müssen im Anblick einer großen Gefahr zusammengefaßt werden. Ich glaube also nicht an die Einstellung des parteimäßigen Kampfes, aber ich glaube, daß in gefährlicher Stunde ein Waffenstillstand notwendig ist, ein Abstoppen der Gehässigkeiten für eine von der Gefahr befristete Zeit.

Diese Gefahr ist nun nahe, sie ist, wenn wir zögern, vielleicht schon morgen unabwendbar. Es kann kein Zweifel herrschen, daß von den imperialistischen Kreisen Japans – ich sage ausdrücklich nicht »Japan«, denn wir erinnern uns zu gut, wie man 1914 die »Deutschen«, die »Franzosen« sagte – ein Konflikt in der Mandschurei heraufbeschworen, ein Krieg gegen die Sowjetunion vorbereitet wird. Es ist weiters unleugbar, daß teils aus Schwäche, teils aus Hoffnung, durch Kriegsgewinne die Krise im eigenen Lande zu überwinden, teils aus Haßeinstellungen gegen die sowjetische Staatsform, ein Teil der Großmächte diese offenkundigen Vorbereitungen bewußt ignoriert, toleriert oder sogar unterstützt.

Wer die Zeitungen, welche die Interessen der Kriegsindustrie und des Nationalismus vertreten, auch nur flüchtig anschaut, muß bemerken, daß dieselben, die jedem einzelnen Raubmord ganze Spalten und Seiten widmen, in der hartnäckigsten Weise sich über diesen vorbereiteten Raubzug, über diesen organisierten Massenmord ausschweigen.

Kein Zweifel, Europa soll künstlich unvorbereitet bleiben und nicht mehr eingreifen können, wenn morgen oder übermorgen ein Krieg zwischen zweihundert Millionen Menschen mit allen infernalischen Mitteln der Mordtechnik eröffnet wird, ein Krieg, der wahrscheinlich nicht auf die Grenzen Asiens beschränkt bleibt, sondern bestimmt ist, an Grausamkeit, an Größe und Opferzahl den Weltkrieg noch zu übertreffen.

Angesichts einer solchen ungeheuerlichen und eigentlich unausdenkbaren Gefahr für die Menschheit, ist es uns, den Parteilosen, oder vielmehr Menschheitsparteilichen, völlig unverständlich, daß zwischen den verschiedenen gesinnungsmäßig verbundenen Massen des Proletariats und den Gruppen der geistig Radikalen ein unseliger Kleinkrieg in Versammlungen und auf bedrucktem Papier noch unerbittlich weitergeht. Denn da dieser vorbereitete ostasiatische Krieg zweifellos nicht auf den Rand Asiens beschränkt bleibt, sondern die Grundfesten Europas und der ganzen Welt erschüttern wird, trifft seine Auswirkung uns alle und ebenso die Schmach, ihn nicht rechtzeitig verhindert zu haben.

Es tut also not, daß alle, die nicht wollen, daß nochmals die Kriegstrei-ber, die Kriegslieferanten und die ihnen hörigen Handlanger zur Macht kommen, sich rechtzeitig zusammenfassen, daß eine möglichst breite Front gebildet werde, um zu verhindern, daß die Welt nochmals in ein Schlachthaus verwandelt werde. Einzelne Gegensätze innerhalb der Gesinnung und Politik sind jetzt völlig nebensächlich gegenüber der gemeinsamen Einstellung gegen diesen Krieg, und so wie sich einst die katholische Kirche, um ihre geistige Macht zu erhalten, zeitweise mit den Erbfeinden, den Türken, verband, so müssen jetzt alle, die wollen, daß die Menschheit vorwärts gehe und nicht zurück, sich zur Verteidi-gung auch mit ihren sonstigen Gesinnungsgegnern zeitweilig zusam-menschließen.

Zu solchem Waffenstillstand – ich sage Waffenstillstand, nicht dauern-den Frieden – die untereinander uneinigen Parteien aufzurufen, sind vielleicht gerade wir, die parteimäßig Unbrauchbaren, die Brauchbar-sten. Denn es ist zu erwarten, daß die sozialistischen, die kommunisti-schen, alle sonst organisierten Gruppen und die bürgerlichen Radikalen aus falschen Prestigegründen zögern werden, den ersten Schritt zu tun, daß ihre Führer es als Eingeständnis von Schwäche betrachten, als Erste die Hand anzubieten. So ist es an uns, die wir keiner Partei verbunden sind, alle zu erinnern an die gemeinsame Gefahr.

Der japanische Generalstab steht bereits zu Charbin, rechts und links der Grenze sammeln sich die Armeen, und jeder gewollte oder unge-wollte Zufall kann jeden Augenblick die vielleicht größte Katastrophe der Menschheit entfesseln.

Alles Zögern innerhalb der Parteien über die Notwendigkeit dieses Waffenstillstandes zwischen den Parteien ist jetzt Verrat an der allge-meinen, an der menschlichen Sache: es muß gemeinsam jedes Mittel gesucht und durchdacht werden, den Angriffswillen des japanischen Imperialismus rechtzeitig zu durchkreuzen, es muß jedes Opfer ge-bracht werden, und als erstes das des Führerstolzes und des Parteidün-kels. Einer solchen drohenden Weltkatastrophe gegenüber gibt es keine Einzelinteressen mehr, sondern nur das gemeinsame der Menschheit, keine bürgerliche und keine proletarische, keine revolutionären und evolutionistischen Parteien, sondern nur die eine Partei: die gegen den Krieg, gegen den neuerdings von einer winzigen, aber mächtigen Gruppe geplanten Angriff auf den Frieden und den Aufbauwillen unse-rer Welt.   Stefan Zweig

Ist »Waffenstillstand« möglich?

Wir müssen jedoch die Frage aufwerfen, ob Ihr Vorschlag, einen »Waffenstillstand« zwischen der Kommunistischen Partei, der Sozialdemokratie und den bürgerlichen Radikalen unter »Einstellung des parteimäßigen Kampfes«, »Abstoppen der Gehässigkeiten für eine von der Gefahr befristete Zeit« zu schließen, fördernd auf die Aktionstätigkeit einer solchen Antikriegsfront wirken würde. Verstehen Sie unter »Abstoppen der Gehässigkeiten« auch jeden Verzicht auf Kritik gegenüber Handlungen, welche die Schlagkraft der gemeinsamen Antikriegsaktion lähmen?

Die Führer der Internationalen Sozialdemokratie nehmen leider zu den Fragen der Vaterlandsverteidigung, des nationalen Militarismus, d. h. also zur Frage des imperialistischen Krieges, dieselbe Stellung ein wie im August 1914.

[...]

Von der Propaganda zur Tat!

Es gilt heute bereits, im Kampfe gegen den imperialistischen Krieg, von der bloßen Propaganda zu mutigen Taten überzugehen. Es gilt, den letzten Kriegsvorbereitungen der Bourgeoisie aktiv entgegenzutreten, die Erzeugung von Munition und Kriegsmaterial zu verhindern, den Transport der Mordwaffen unmöglich zu machen. Wir sehen aber, daß die sozialdemokratischen Gewerkschaftsführer die Erzeugung und den Transport von Kriegsmaterial decken, daß eine Zeitung, wie der sozialdemokratische ›Abend‹, am 18. Februar d. J. schreibt, es wäre ein »Glücksfall« für die Arbeitslosen, wenn Österreich den Auftrag zur Erzeugung von 100 000 Gewehren für Japan erhielte...

...Es stehen tatsächlich die höchsten Güter der Menschheit auf dem Spiel. Jetzt untätig verharren, heißt den Frieden und damit die Zukunft der Menschheit verraten. Bei der Aufrüttelung der noch Zögernden, der Lauen und Gleichgültigen, haben gerade jene Intellektuelle, deren Vertreter wir in Ihnen sehen, eine wichtige Aufgabe zu erfüllen, wenn sie das Recht, sich »Menschheitsparteiler« zu nennen, in Anspruch nehmen wollen. Es liegt uns durchaus ferne, diese »geistig Radikalen« als Außenseiter zu verachten, wenn sie es verstehen, ihren Posten auch

als Parteilose, im Kampfe gegen die Gefahr, die uns alle bedroht, auszu-
füllen. Wir begrüßen ihre Bereitschaft, als Verbündete der Arbeiterklasse, gemeinsam mit ihr die Welt vor einer namenlosen Verheerung
zu retten.

Eine öffentliche Diskussion tut not!

Wir haben Ihr Schreiben in unserer Versammlung kollektiv beantwortet, in der Überzeugung, daß diese Fragen eine öffentliche Diskussion
auf breitester Grundlage erfordern. Wir sind bereit, diese Diskussion
fortzusetzen und sind sicher, daß Sie mit der Entschiedenheit, die der
Ernst der Lage von uns allen fordert, an dieser Aufgabe mitarbeiten
werden.

In diesem Sinne schlagen wir Ihnen vor, in einer raschestens einzube-
rufenden Diskussionsversammlung, zur Frage der Kriegsgefahr zu
sprechen, und ersuchen Sie, alles Nähere bezüglich Zeitpunkt und
Form der Versammlung selbst zu bestimmen.

Diese Versammlung soll den Sinn haben, Intellektuellen und Arbeitern
Gelegenheit für eine gemeinsame Aussprache über diese Probleme,
insbesondere aber über die Notwendigkeit der Teilnahme an dem Internationalen Antikriegskongreß zu geben.

Wir hoffen damit, im Sinne Ihrer begrüßenswerten Initiative, zur
praktischen Durchführung unserer gemeinsamen Aufgabe vorzusto-
ßen und hoffen, mit der im Sinne Ihres Schreibens erfolgten Veröffentlichung unseres Briefwechsels, einen ersten Schritt dazu getan zu haben.

Mit proletarischem Gruß,

Die am 2. Juli 1932 versammelten proletarisch-revolutionären Schriftsteller und Arbeiterkorrespondenten.

(1932)

Stefan Zweig ein Werkzeug von Antisowjethetzern

Der Bund der proletarisch-revolutionären Schriftsteller hatte vor wenigen Wochen den Dichter Stefan Zweig aufgefordert, sich zur Frage der Verteidigung der Sowjetunion zu äußern. Stefan Zweig kam dieser Aufforderung in einem Brief nach, den wir am 17. Juli veröffentlichten. Schon damals war es merkwürdig, daß Zweig als eine Bedingung für die Herstellung einer einheitlichen Verteidigungsfront für die Sowjetunion jene Forderung erhob, die als notdürftige Deckung für ihre konterrevolutionären Taten die Führer der Zweiten Internationale immer wieder erheben, nämlich die nach Einstellung der Kritik an ihnen. Doch damals konnte man immerhin annehmen, daß politische Naivität eine solche Stellung veranlaßte, daß viel wertvoller als der Vorbehalt das Bekenntnis sei, um so mehr, als Zweig selbst deutlich ablehnend feststellte, die Sozialdemokratie habe »in noch leidenschaftlicherer Weise als selbst die bürgerliche Presse die teilweise großartige Aufbauarbeit Sowjetrußlands herabzusetzen gesucht«.

Zu den Gebieten, auf denen die »in leidenschaftlicher Weise« geführte Hetze gegen die Sowjetunion als Teil der Kriegsvorbereitungen besondere Grade erreichte und noch erreicht, gehört das der angeblichen Verfolgung, Drangsalierung und Verelendung von Angehörigen von Religionsgemeinschaften. Nun aber ereignet es sich, daß auf einem Aufruf der »Rußlandhilfe« (ein irreführender Name!) als Unterzeichner neben diversen Rabbinern und sonstigen jüdischen »Würdenträgern« auch Stefan Zweig erscheint – auf einem Aufruf, in dem es heißt:

»Ein neues Jahr bricht heran – neuen Entbehrungen, neuem Drangsal und Elend sehen unsere Brüder in Sowjetrußland entgegen.«

Gerade Stefan Zweig sind jedoch sicher sowohl aus der Literatur als auch aus eigenen Eindrücken die Anstrengungen der Sowjetregierung zur Lösung der nationalen Frage und ihre glänzenden Erfolge bekannt. Wir verweisen nur, um die Judenfrage zu streifen, auf das Aufbauwerk in Birobidjan, auf das den Juden wie allen anderen Nationen zukommende Recht auf Zeitungen und Schulen in ihrer Sprache, auf das

Recht der Juden auf Gebrauch ihrer Sprache auch im amtlichen Verkehr in stark von ihnen besiedelten Gebieten.

Die bedeutendste Leistung des Sowjetsystems auf diesem Gebiet ist jedoch die Tatsache, daß es gelang, den Großteil der Juden aus ihrer unsozialen Stellung zu befreien und sie als gleichen und wertvollen Teil in das russische Aufbauwerk als produktive Kraft einzureihen. Damit hat die Sowjetregierung – neben dem ideologischen Kampf gegen den Antisemitismus und Rassenhaß – ihm auch jede soziale Grundlage entzogen.

Wenn nun reaktionäre jüdische Kreise in Antisowjethetze machen, so sind sie eben ein Teil jener Meute von Hetzern, in derem Schatten »sich die Reaktion und der Staatsmilitarismus auf das herrlichste neu gekräftigt«. (Laut Stefan Zweig.)

Wenn Stefan Zweig solchem Treiben seine offene Unterstützung leiht, zeigt er, daß er nicht »im Sinne der Gerechtigkeit frei blieb«, wie er es so schön von sich seinerzeit sagte, sondern zum Werkzeug für dunkle Antisowjet-Elemente wurde.

Das Proletariat jedoch, vor allem auch die jüdischen Werktätigen, verzichten auf die Bundesgenossenschaft solcher Leute wie Zweig; das Proletariat verachtet solche Leute – nach den Worten von Zweig selbst – als unzuverlässige, laue und feige Außenseiter.

(1932)

78

Aus den Tagebüchern

8. XI. 1932
Angefangen: »Marie Antoinette«, Stefan Zweig. Bei allem Schmiss etwas zweitklassig. –

19. XI.
Gelegen und gelesen (Zweig). – Mein Gefühl: wir könnten alle so enden, wie die Familie Capet – günstigen Falls.

20. XI.
»Marie Antoinette« zu Ende gelesen: sehr merkwürdig die Episode mit dem lügnerischen Dauphin, der den Inzest erdichtet; bewegt durch den Schluß.

An Stefan Zweig

Hôtel Jacob, Paris
44, rue Jacob
den 19. 11. 32

Lieber und verehrter Herr Stefan Zweig –

seit mehreren Tagen benutze ich jede freie halbe Stunde dazu, in Ihrem Buch zu lesen – für dessen Übersendung ich Ihnen besonders danke –: und gestern nacht bin ich fertig geworden. Es scheint mir gar keine leichte Sache, Ihnen überhaupt etwas zu Ihrer Arbeit zu sagen, denn Lob werden Sie ja von allen Seiten hören, und übrigens spricht Ihr Erfolg für sich. So könnte man sich damit begnügen, mit unsrem achtzigjährigen Gerhart Hauptmann »Dank, nichts als Dank« zu murmeln. Diese Allgemeinheiten überlassen wir aber dann doch lieber den repräsentativen Häuptern; und ich muß Ihnen doch erzählen, daß mich, seit ich weiß nicht wie lange, keine Lektüre derart gespannt und erregt hat wie nun die der »Marie Antoinette«. Darf ich mir erlauben, Ihnen zu sagen, daß ich dieses Buch für Ihr allerbestes halte? Es hat eine Verve, die mitreißt, – und mit welcher Meisterschaft ist ein so großes Stück Weltgeschichte hinter die rührende Geschichte dieses »mittleren« Lebens skizziert, das sich am Schluß zu einer Tragödie von solchem Ausmaß steigert. Ich bin in diesem Fall ein ziemlich naiver Leser – denn ich habe mich mit der Zeit, die Sie behandeln, nie ganz eingehend beschäftigt –; deshalb muß ich gestehen: ich kann sehr zurückdenken, bis ich auf einen Roman komme, der mich, im ganz primitiven Sinn des Wortes, so gespannt hätte. Es war ein intensiver Genuß – ohne jede Redensart! –, und ich danke Ihnen noch einmal sehr, indem ich Ihnen gleichzeitig von Herzen zu diesem Ihren neuen Sieg gratuliere.

Immer Ihr getreuer

Klaus Mann

An seine Schwester Marulla

Chantarella, Februar 1931

[...] Den Stefan Zweig kenne ich seit bald 30 Jahren, als ganz junger Mensch besuchte er mich einmal am Bodensee. Er ist ein sehr anständiger Schriftsteller von guten Gesinnungen, ein bißchen wichtigtuerisch und sprachlich nicht ohne einige Koketterie und Übertünchung, aber doch ziemlich ernst zu nehmen, er gehörte zu den wenigen Deutsch-Österreichern, die während des Kriegs gegen den Krieg protestierten, war also mein Gesinnungsgenosse, war auch mit Romain Rolland sehr befreundet. Ich mag seinen Stil nicht, er ist mir zu gewunden und geschmückt, aber sonst –

An Gottfried Bermann Fischer

28. 1. 1933

[...] Wunderlich war es mir, die verschiedenen Aussprüche der deutschen Prominenten über die besten Bücher des Jahres zu sehen. Es scheinen da drei bis vier erfolgreiche, rein intellektuelle Autoren (obenan Stefan Zweig und Joseph Roth) einen Ring zu bilden, an dem niemand vorbei kann ohne Kotao zu machen. Ich finde sowohl Zweig wie Roth anständig aber zweiten Ranges, und zwar nicht bloß, weil beide Intellektuelle und nicht Dichter sind, sondern es reicht mir bei beiden auch das Intellektuelle nicht tief genug.

An Anton Kippenberg

Garmisch, 24. Januar 1933

Nachdem nun auch der III. Akt der »schweigsamen Frau« vor mir liegt, fühle ich das Bedürfnis, auch Ihnen noch einmal ganz besonders zu danken, daß Sie mir durch einen glücklichen Zufall die Bekanntschaft Stefan Zweigs vermittelt haben, der mir nun den besten Text geschrieben hat, der auf dem Gebiet der opéra comique seit dem Figaro geschaffen worden ist.

Nachdem ich soeben die Marie Antoinette (anscheinend ein sehr großer Erfolg!) u. das wundervolle Buch: die Heilung durch den Geist gelesen habe, schäme ich mich fast einzugestehen, wie wenig selbst ich, der ich doch viel lese, von Stefan Zweigs Werken gekannt habe. Wenn ich die Popularität des Schaumschlägers E. Ludwig (der doch eigentlich nur 3 gute Bücher: Göthe, Napoleon u. Lincoln geschrieben hat) u. die Reklame, die fast täglich für den langweiligen »Patrizier« Thomas Mann gemacht wird, bedenke, so kann man nur bedauern, daß ein Zweig noch nicht nach seinem vollen Wert anerkannt ist...

›Die schweigsame Frau‹ in Graz

Sir Morosus, alternder Schiffskapitän und Held dieser aus der Kollaboration von Stefan Zweig und Richard Strauss hervorgegangenen Oper, liebt nicht, zu erfahren, daß die Zeit vergeht. Das ist wohl der innerste Grund seiner Abneigung gegen Geräusche jeder Art inklusive Musik, denn nichts macht das unerbittliche Ablaufen der Zeit sinnfälliger als ihre akustisch wahrnehmbare Aufteilung. Nicht umsonst gehört zu den inspiriertesten und eindrucksvollsten Stellen der Oper der kleine Monolog, in welchem Morosus das Glockengeläute verwünscht. Nicht nur diese Stelle, sondern die Gesamthaltung des Komponisten zu seinem Vorwurf läßt den Schluß zu, daß auch Richard Strauss nicht liebt, daß die Zeit vergeht. Schon die gigantischen Ausmaße dieser vierstündigen Opera buffa spotten des formalen Begriffes der Zeit, aber auch deren Konkretion als »diese Zeit«, als Summe der von uns zu durchlebenden Erscheinungen wird mit einer ebenso zynischen wie großen Geste verdrängt. Nicht ohne leichten Schauder vernimmt man den Schluß dieser letzten Arbeit eines Mannes, den viele für den größten deutschen Meister der Gegenwart halten; er klingt aus in das beneidenswerte Bekenntnis: »Nur Ruhe! Ach, ich fühle mich unbeschreiblich wohl!«

Was sich um das dämonische Monument weltabgewandter Behaglichkeit, das Strauss in der von ihm mit aller, von einem privaten Gesichtspunkt her nur zu verständlicher Liebe ausgestatteten Figur des Morosus aufgerichtet hat, herumgruppiert, läßt die Zeitflucht seines Urhebers nur noch deutlicher erkennen. Die Typen der Commedia dell'Arte, die bei Strauss immer wiederkehren, erzeugen hier als Schauspielertruppe des jungen Morosus einen unendlich bemühten Spektakel von frostiger Lustigkeit. Es ist seltsam, daß das heiße Bemühen des Komponisten um einen deutschen Buffostil trotz der bewunderungswürdigen Leichtigkeit und Virtuosität seiner Hand auch in dieser Oper nicht zum erwünschten Ziel führt. Immer noch verwickelt ein allzu emsiges Orchester die flüssig gedachte Deklamation der Textmassen in die Fußangeln motorischer Kleinarbeit, was die Ausführung ungeheuer und unnütz schwierig macht. Die seelische und dramaturgische Schwäche des Buches beruht darin, daß auch die Figur der Aminta, der Gattin des jungen Morosus, die den Alten von seinem Spleen kurieren soll, sich aus der Gruppe der kalten Lustigmacher nur quantitativ heraushebt. Durch die Wärme und Würde, die dem alten Hagestolz erteilt ist, ergibt sich eine verstimmende Härte, weil Aminta auf die rührende Zartheit des alten Mannes nur ganz flüchtig reagiert und kaum Skrupel hat, ihn nach den Plänen des die Intrige leitenden Friseurs kaltschnäuzig hereinzulegen. Die psychologische Vertiefung, die Stefan Zweig an das Sujet herangebracht hat, hätte vielleicht noch konsequenter durchgeführt werden können, indem Aminta, durch die innere Vornehmheit des armen alten Narren gerührt, eine Zeitlang droht, aus der Intrige auszuspringen. Dadurch hätte diese Figur an menschlicher Teilnahmswürdigkeit und das Stück an Handlung gewonnen. Der ungebrochen lineare Fortgang der Intrige macht sich besonders in Anbetracht der Dimension des Ganzen recht ermüdend bemerkbar, zumal da auch die lyrischen Partien des jungen Paares im Musikalischen kühl und konventionell bleiben. Ein Vergleich mit dem ähnlich disponierten, ebenfalls aus kalter Hitze erzeugten ›Falstaff‹ Verdis würde zeigen, welche Möglichkeiten hier unverwirklicht geblieben sind.

Die Aufführung, über deren Notwendigkeit sich sowohl im Hinblick auf die Qualität des Werkes als auch auf die bekannten Attitüden des Autors wohl diskutieren ließe, ist unzweifelhaft eine Glanzleistung des Grazer Stadttheaters.

[...] Trotz energischer und wohltätiger Striche verblieben dem Werk beträchtliche und ermüdende Längen. Das Publikum hatte genügend Ausdauer, um trotzdem am Schluß seine Lieblinge ausgiebig zu akklamieren.

(1936)

Aus den Tagebüchern

Sonntag den 9. IV. 33, Lugano

Die Stimmung in Italien gegenüber »Deutschland« fast so schlecht wie in den anderen Ländern. Mussolini: »Cet Hitler est un singe«. Er sage übrigens über Croces Buch: »Er mochte es schreiben; aber was mich ärgert ist, daß er es Th. M. gewidmet hat«. Seine Informationen sind nicht die besten. »Th. M.«, ruft er auf einem Diner, jemandem widersprechend, »ist gar kein Repräsentant Deutschlands. Er hat nichts getan, es zu repräsentieren. Stefan Zweig – ja!« – Das würde man nicht einmal bei uns gern hören.

An Stefan Zweig

z. Zt. Zürich, Engematthof
Engemattstraße
den 15. 9. 33

Lieber und verehrter Herr Stefan Zweig –

Ihr Brief findet mich in einer sehr unglücklichen Stimmung. Das erste Heft unsrer Zeitschrift – es ist mir rätselhaft, daß Sie es noch nicht bekommen haben, ich reklamiere sofort noch einmal – hat viel Interesse gefunden; aber gleichzeitig beginnen schon die Peinlichkeiten, knüppeldick. Besonders der Fischer Verlag ist es, der Kopf steht, weil einige seiner Autoren – Döblin, Schickele usw. – bei mir mitarbeiten. Nun soll es mit sinnlosen »Dementis« losgehen. Auch mein Vater ist in die Sache verwickelt. Die Presse wird sich ohne Frage auf diese Angelegenheit stürzen, die sehr traurig, etwas lächerlich und so ungeheuer symptomatisch ist. Es ist, um den Mut ganz zu verlieren; das bißchen Vertrauen schwindet, was man noch hat. Denn worum geht es denn bei all dem? Es ist doch so klar: keiner der großen Namen, keiner von denen, deren Wort in dieser Schicksalsstunde Einfluß und Bedeutung hätte, will sich mit denen identifizieren, die kämpfen. Heinrich Mann ist fast die einzige Ausnahme – denn man kann die kaum rechnen, die absolut gar nichts mehr zu verlieren hatten, wie Kerr.

Nun kommt also auch von Ihnen die Absage. Ich konnte darauf gefaßt sein. Ich hätte die Autorenliste ohnedies nicht noch einmal veröffentlicht, also habe ich keine Gelegenheit Ihren Namen wegzulassen. Trotzdem ist Ihr Wunsch, nicht mehr bei mir genannt zu sein, eine schwere Enttäuschung für mich – so weit ich überhaupt noch zu enttäuschen bin. Die Solidarität der Intellektuellen, die in Deutschland noch irgendetwas zu verlieren haben, besteht darin, daß sie sich alle von allem ausschließen. Was nützt es, wenn Schwarzschild wöchentlich wehklagt und verdammt – Sie aber und mein Vater, Schickele, Hesse, Döblin und die andren – schweigen. Ja, Sie geben sogar Ihre unpolitischen Beiträge nicht dorthin, wo ein Wort gegen die deutschen Machthaber gesagt wird. Denn keinen andren Inhalt hat Ihr Brief: Sie rücken ab – nicht um Herzfelde, sondern um Goebbels nicht zu kränken. Denn ich sehe keinen Grund, warum jemand der an irgendeiner Zeitschrift mitarbeitet, deshalb gleich an allen mitarbeiten muß. Bis jetzt gibt es überhaupt keine literarische, außer denen von Herzfelde und mir. Herzfelde – den ich sehr schätze – ist Parteikommunist; man würde also wohl kaum erstaunt gewesen sein, Sie bei mir, nicht aber bei ihm vertreten zu finden. Was den Willy Haas betrifft, so ist das einer, dem es nicht gelungen ist sich gleichzuschalten; er hat sich alle Mühe dafür gegeben. Ich möchte mit ihm nichts zu tun haben. Weil Sie also diesen beiden – und den rein politischen Blättern – absagen mußten, nehmen Sie nun auch die Zusage wieder zurück, die Sie mir gegeben haben. Ihre Begründung, daß Sie es nur aus Solidaritätsgefühl tun, hat für mich keine tröstliche Kraft. Verstehen Sie, daß ich erschüttert bin? Auf wen können wir rechnen, wenn alle die, auf die wir am meisten vertraut haben, uns sitzen lassen, aus Rücksicht auf einen »deutschen Markt«?

Ihr   Klaus Mann

Briefe, die den Weg beleuchten

Lieber Stefan Zweig!

Dieser Brief, der Abschied von einer Freundschaft, die schön und beglückend war, sollte zuerst nichts sein als ein privates Dokument: die stille Lösung eines menschlichen Bündnisses, in dem Sie wesentlich der Gebende waren, in dem ich hundertfach angeregt und gefördert wurde. Aber es geht hier nicht um Privates, es geht hier um die sachlichen und allgemeinen Entscheidungen, von denen in diesem Jahrhundert mehr als eine Freundschaft abhängt. Alles Private ist heute nur berechtigt, wenn es unsre historische Aufgabe unterstützt; vermag es das nicht, so muß es verbrennen und dadurch noch einmal die Situation beleuchten. – Sie haben an ihren Verleger folgenden Brief gerichtet und mußten wissen, daß er ihn öffentlich verwerten würde:

»Ich habe, als der Herausgeber des Monatsblattes ›Die Sammlung‹ vor längerer Zeit an mich mit der Bitte um einen Beitrag herantrat, ihm in Aussicht gestellt, nachdem er mir zugesichert hatte, daß das Blatt ein rein literarisches sei und keinerlei politischen Charakter tragen würde, ihm, wenn es so weit sein würde, ein Bruchstück aus meinem im Werden befindlichen Buch ›Erasmus von Rotterdam‹ zum Abdruck zu geben. Eine ständige Mitarbeit habe ich ihm niemals in Aussicht gestellt.

Nachdem ich nunmehr die erste Nummer der Zeitschrift ›Die Sammlung‹ gesehen habe, mußte ich zu meiner größten Überraschung feststellen, daß es sich nicht um ein rein literarisches, sondern um ein zum größten Teil politisches Blatt handelt. Die ausdrückliche Voraussetzung, unter der ich seinerzeit jenes Bruchstück in Aussicht stellte, ist also weggefallen. Ich habe bereits an den Herausgeber der ›Sammlung‹ geschrieben, daß ich unter diesen Umständen an der Zeitschrift keinesfalls mitarbeiten würde, und ersucht, meinen Namen in der Liste der Mitarbeiter nicht mehr anzuführen, was er mir zugesagt hatte.

Ich schrieb Ihnen schon, daß ich überhaupt für absehbare Zeit an Zeitschriften und Zeitungen nicht mitarbeiten und Ihnen andernfalls

vorher Mitteilung machen würde und daß ich seit Weihnach-
ten 1932 keine Zeile Manuskript aus der Hand gegeben habe.
Salzburg, den 26. September 1933.   Stefan Zweig«

Dieser Brief wurde gedruckt und dem ›Börsenblatt für den Deutschen
Buchhandel‹ beigelegt; er hatte daher die Wirkung einer Kapitulation
vor den deutschen Machthabern. Sie haben Ihren Verleger nicht öffentlich desavouiert, Sie haben die fatalen Ankündigungen des letzten
Absatzes nicht öffentlich richtiggestellt, Sie haben sich damit mittelbar
der Zensur des Faschismus unterworfen. Das ist, ob Sie das wollen oder
nicht, ein Trennungsstrich, gezogen zwischen dem, was Sie waren, und
dem, was Sie sein werden.
Sie waren ein Vermittler zwischen dem deutschen und dem europäischen Geist, Sie werden, ob Sie das wollen oder nicht, ein Vermittler zwischen dem brutalen Faschismus und Ihren feinnervigen Lesern in Europa sein. Sie haben damit einen schweren Fehler begangen.
Daß Thomas Mann, Alfred Döblin, René Schickele an diesem »Fehler«
beteiligt sind, macht ihn nicht geringer, sondern steigert nur seine
prinzipielle Bedeutung.
Sie haben mir einmal von einem Gespräch im Penclub erzählt. Es war
eine Feier zu Ehren Gerhart Hauptmanns, der nun als einer der ersten
zum Faschismus übergelaufen ist. Bei dieser Feier haben diverse Pan-
europäer Sowjetrußland auf das heftigste angegriffen – »im Namen der
Geistesfreiheit«, die der Bolschewismus angeblich rücksichtslos unter-
drückt. Sie haben damals erwidert: »Mag sein, daß der Bolschewismus
die Freiheit der Wissenschaft und der Literatur einschränkt – aber eine
Bewegung, die einen Kontinent so prachtvoll verändert, hat auch dazu
das Recht. Es ist wichtiger, daß eine neue Welt aufgebaut wird, als daß
ein Stefan Zweig schreiben kann, was ihm beliebt.« Sie haben den um
ihr Schicksal besorgten Literaten die Antwort eines freien und wahrhaft schöpferischen Menschen gegeben.
Und heute –?
Glauben Sie, daß der Faschismus in Deutschland eine neue Welt auf-
baut wie der Bolschewismus in Rußland? Ich weiß zu gut, daß Sie sich
das nicht einen Augenblick einzureden versuchen, daß Sie über das
Wesen und die Funktion des Faschismus so genau Bescheid wissen wie
einst und ehedem. Sie täuschen sich nicht: Sie sind im Innersten überzeugt, daß der Faschismus Niedergang, Barbarei, Krieg bedeutet. Sie

sind im Innersten überzeugt, daß alles, was Sie für erstrebenswert und menschenwürdig gehalten haben, zugrundegeht, wenn es nicht gelingt, den Faschismus niederzuwerfen. Sie waren niemals Sozialist. Sie haben an der Idee und an den Wortführern des Sozialismus gezweifelt. Es wäre daher sehr töricht, Ihnen »Verrat am Sozialismus« vorzuwerfen; aber verleugnet haben Sie die eigene Vergangenheit, Ihren Kampf gegen den Ungeist, Ihren Kampf gegen den Krieg. Die Literatur ist Ihnen wichtiger geworden als die geistige Haltung und Tapferkeit, ohne die das bestgeschriebene Buch eben nichts ist als Literatur, Zeitvertreib für gebildete Gespenster. Oder meinen Sie plötzlich, lieber Stefan Zweig, notwendiger als der Kampf gegen den Faschismus sei die Verbreitung Ihrer Bücher in Deutschland, verpflichtender als das Bekenntnis zu dem geschundenen und geschändeten deutschen Volk sei die Verständigung mit den deutschen Lesern, die sich ein Buch fernab vom Schicksal noch leisten können? Einst schien es Ihnen wichtiger, daß eine neue Welt aufgebaut wird, als daß Sie schreiben können, was Ihnen beliebt; nun scheint es Ihnen wichtiger, daß Sie schreiben können, was die Rust und Goebbels zu dulden bereit sind, als daß die Voraussetzungen für den Aufbau einer neuen Welt entstehen.

Sie und alle, die sich dem Faschismus anpassen, haben dadurch mehr zerstört als unser Vertrauen zu Schriftstellern, deren künstlerische und geistige Qualitäten wir nach wie vor für bedeutend halten; diese freiwillige Kapitulation der Geistesfreiheit vor der geistlosen Macht vernichtet endgültig den Begriff der Geistesfreiheit. Wir stehen am Ende einer Illusion; und wir müssen auf weite Sicht wohl allen dankbar sein, die selbst den Gläubigsten von dieser Illusion befreien. Allzuviele Sozialisten haben die Illusion genährt, man müsse jede Diktatur im Namen der Geistesfreiheit bekämpfen, jede Staatsform, die den Wissenschaftler, den Schriftsteller zwingt, auf seine geistige Unabhängigkeit zu verzichten, sei unerträglich. Allzuviele Sozialisten haben im Namen dieser Geistesfreiheit, im Namen der Ideale von 1848, den Bolschewismus abgelehnt; sie haben ihre Argumente von einer Illusion bezogen. Diese Geistesfreiheit schaltet sich selber aus, schaltet sich selber gleich, sie unterwirft sich freiwillig jeder Diktatur, sie entwindet sich ihren Verteidigern, um zu ihren Feinden überzulaufen. Kann man verteidigen, was sich selber preisgibt? Kann man erhalten, was sich selber vernichtet? Man kann es nicht. Man darf es nicht. Wir ziehen die Konsequenzen.

Im Namen der Arbeiterklasse, im Namen des Sozialismus müssen wir die faschistische Diktatur bekämpfen; in diesem Kampf haben wir nur auf die Arbeiter und auf jene Intellektuelle zu zählen, die nicht, weil sie sich zu einer Geistesfreiheit bekennen, deren Fragwürdigkeit ihre Vertreter heute so anschaulich demonstrieren, sondern weil sie sich zum Sozialismus bekennen, den Faschismus verabscheuen und als einfache Soldaten, als einfache Genossen in die Reihen des Proletariats eintreten. Alle andern werden mehr oder weniger sichtbar kapitulieren, weil eben nicht die Freiheit des Geistes, sondern der Zwang der wirtschaftlichen Verhältnisse, nicht die Zugehörigkeit zu einem Kulturkreis, sondern die Zugehörigkeit zu einer Klassenfront entscheidend ist. Die Wissenschaftler und Schriftsteller, die sich heute mit der faschistischen Diktatur vertragen, werden sich ebenso der proletarischen Diktatur anpassen; ihr Geist ist so wenig frei wie ein Barometer frei ist. Er zeigt die Situation nur an, er führt sie nicht herbei.

Das mag Ihnen, lieber Stefan Zweig, das mag vielen andern allzu einfach, allzu unbedingt klingen; aber wir müssen immer wieder erfahren, daß nicht das Komplizierte, nicht das Verfeinerte, sondern nur das Einfache, das Unbedingte die Welt verändert. Nicht die geistige Mannigfaltigkeit der Kulturgesättigten, nur der schlichte Fanatismus der namenlosen Proletarier bürgt für den Aufstieg des Menschengeschlechtes.

Und mag auch jede alte Freundschaft versinken, uns bleibt die Gemeinschaft mit diesen namenlosen Proletariern.

Dank Ihnen für diese Freundschaft, lieber Stefan Zweig! Sie hat zum Besten und Schönsten gehört, das mir zuteil wurde. Ich werde mich schwer daran gewöhnen, sie als vergangen zu betrachten.

Aber auch dieser leergewordene Lebensraum wird nun erfüllt sein von der Solidarität mit allen namenlosen Proletariern, die weiterkämpfen. Leidenschaftlich grüße ich euch, ihr unbekannten Genossen!

Ernst Fischer

Zu gleicher Zeit schrieb Stefan Zweig an die ›Arbeiterzeitung‹, Wien, den folgenden Brief:

»London, den 5. November.

Ich erhalte, weil auf Reisen, erst mit bedauerlicher Verspätung Kenntnis von Angriffen, die im Zusammenhang mit einem (wie ich nur durch diese Angriffe erfahre) im ›Buchhändlerbörsenblatt‹ veröffentlichten Brief gegen mich gerichtet wurden. Dazu stelle ich fest, daß mein

Schreiben sich keineswegs an die Öffentlichkeit wandte, sondern an den Verlag, dem ich nahezu dreißig Jahre durch die Verwaltung meines gesamten literarischen Lebenswerkes verbunden bin; eine demonstrative Drucklegung hatte ich weder gewünscht noch vorausgesehen, obwohl ich selbstverständlich für den Inhalt einstehe. Richtig ist ferner, daß ich nicht nur in diesem Falle der ›Sammlung‹, sondern seit langem grundsätzlich ablehne, an gemeinsamen politisch-polemischen Manifestationen teilzunehmen, und dies insbesonders, weil ich seit Monaten an einem Buch arbeite, das mir Gelegenheit gibt, meine Einstellung zum Problem der Politik und Humanität persönlich und für mich allein verantwortlich darzutun. Das Polemische ist niemals die Form gewesen, meine Gesinnung auszudrücken, es widerstrebt bis ins Tiefste meiner Natur. Aber wenn ich auch von allem Polemischen bewußt Abstand halte, so darf das für niemanden Anlaß sein, mir leichtfertig Tendenzen zu unterschieben, die in schroffem Widerspruch stünden zu meinem Leben und meiner Arbeit.

Stefan Zweig«

Man wundert sich: wer hat verlangt, daß Stefan Zweig plötzlich Polemiker werde? Er hat doch ein Kapitel aus seinem nächsten Buch von der ›Sammlung‹ zurückgezogen. Hält Zweig aber jede Mitarbeit an einer Zeitschrift für eine »gemeinsame politisch-polemische Manifestation«, so sei daran erinnert, daß auch die ›Neue Freie Presse‹, Wien und S. Fischers ›Neue Rundschau‹, Berlin, an denen Zweig jahrelang mitarbeitete, keine »rein« literarischen Organe sind. Ein sonderbarer Begriff übrigens. Als ob es sich nicht mit der Reinheit des Schriftstellers vertrüge, Betrug Betrug, Lüge Lüge und Mord Mord zu nennen. Es mag auf Zweigs Versunkenheit in die Zeiten Erasmus' von Rotterdam zurückzuführen sein, daß er im Jahre 1933 »zu seiner größten Überraschung feststellen mußte, daß die ›Sammlung‹ ein zum größten Teil politisches Blatt« sei, und daß er, wie der folgende Brief an uns zeigt, ernsthaft glaubt, »persönliche Werkverbundenheit« mit einem Verleger des Dritten Reichs ließe sich ohne »ängstlichen Opportunismus« aufrechterhalten. Der Brief lautet:

»London, den 3. November.
Lieber Herr Herzfelde, Ernst Fischer überrascht mich mit meinem für Sie bestimmten Manuskript, in dem er einen Brief von mir als an einen ›Agenten der Machthaber‹ gerichtet anführt. Dies würde eine grobe

Irreführung der Öffentlichkeit bedeuten, die ich nicht schweigend hinnehmen könnte. Jenes Schreiben war persönlich und privat an den Verleger gerichtet, der seit fast dreißig Jahren – denken Sie diese Zeit durch! – mein gesamtes literarisches Werk in Deutschland gewissenhaftest verwaltet und mit dem ich in all diesen Jahren in hunderten und vielleicht schon tausenden Briefen jede meiner Veröffentlichungen und Pläne einverständlich besprochen habe. Gerade Sie als Verleger werden wissen, was eine solche Bindung menschlich bedeutet und ich hoffe, Sie werden einer Auffassung nicht Raum geben, die, wie ich dartat, in grober Entstellung des Adressaten eine persönliche Werkverbundenheit in einen ängstlichen Opportunismus umzudeuten sucht. Mit den besten Grüßen

Stefan Zweig«

Wir zitieren aus der Antwort, die Stefan Zweig auf diesen Brief erhielt:

»Prag, den 7. November 1933.

... Offenbar hinderte Ihren Verleger, den verdienstvollen Leiter des Insel-Verlages, Professor Kippenberg, die Tatsache, daß er seit fast dreißig Jahren Ihr gesamtes literarisches Werk in Deutschland gewissenhaft verwaltet hat, nicht daran, zu erkennen, daß es keine private Frage ist, ob man eine öffentliche Zeitschrift desavouiert oder nicht...

Nun, wir haben in diesen Tagen gerade mit einer gewissen Genugtuung festgestellt, daß der Insel-Verlag einen Almanach auf das Jahr 1934 herausbrachte, in dem sich kein Wort für oder gegen oder auch nur in bezug auf das Hitler-Regime befindet. Wir wissen, daß Professor Kippenberg schon in der Republik ein Anhänger der Rechten war und begreifen daher, daß er es mit seinen Grundsätzen vereinbaren kann, im Dritten Reich weiterzuarbeiten. Ihm kann man keinen Vorwurf daraus machen, daß er versuchte, Sie zu einer Haltung zu bewegen, die der seinen entspricht. Aber Sie, Stefan Zweig, sind kein Mann der Rechten. Wenn man ganz davon absieht, daß die Herren des Dritten Reiches Sie zu einer minderwertigen Rasse zählen, verpflichtet Ihre bisherige schriftstellerische und kulturelle Tätigkeit Sie, nicht zu schweigen. Wenn viele junge Menschen, die künstlerisch und politisch keineswegs in allen Punkten Ihre Ansichten teilten, mit Ihnen befreundet waren, so war Ihre geistige Verwandtschaft mit jenen Männern, zu denen Sie sich

durch Ihr Werk bekannten – Tolstoi, Gandhi, Romain Rolland, Gorki –
der Anlaß dazu.

Wir sahen Sie als Repräsentanten der Literatur, die durch Zolas ›J'ac-
cuse‹ und Tolstois ›Ich kann nicht schweigen‹ gekennzeichnet ist, und
darum haben wir nicht nur das Recht, sondern die Pflicht, den Tausenden von Lesern, die Sie so sahen wie wir, heute zu sagen, daß wir uns
geirrt haben. Das ist schmerzlich. Es ist eine Frage des Geschmacks und
vor allem auch der politischen Anschauungen, ob man Sie... als Verräter bezeichnet. Das revolutionäre Proletariat wird Ihnen diesen Vorwurf nicht machen, denn es weiß, daß seine Sache nicht die Ihre war...
Sie verwahren sich dagegen, daß Ernst Fischer eine persönliche Werkverbundenheit in einen ängstlichen Opportunismus umzudeuten
sucht. Um welches Werk handelt es sich da? Um die Privatangelegenheit des Inselverlag-Leiters oder um das große Werk des menschlichen
Geistes, der um die Befreiung aus politischer und sozialer Sklaverei
ringt, und der heute im Dritten Reich mit Füßen getreten wird wie
selten in der Geschichte. Weil wir diesem Werk die Treue halten wollen, haben wir kein Verständnis für das, was Sie in eigentümlicher An-
lehnung an den national-sozialistischen Sprachgebrauch als Werkverbundenheit bezeichnen. Wir wissen uns einig mit unzähligen Ihrer
Leser, die heute das Emigrantenleben führen, in Konzentrationslagern
gequält und gedemütigt werden oder zur Heuchelei im Dritten Reich
verurteilt sind, wenn wir Ihnen sagen: Opfern Sie Ihrer menschlichen
Bindung an einen Verleger nicht die Bindung an die Sache der Menschheit! Distanzieren Sie sich nicht vom Kampf, sondern von Ihrem vielleicht unbedacht abgeschickten Brief ins Dritte Reich! Glauben Sie uns,
daß nicht billige Freude daran, einen berühmten Schriftsteller auf dem
Wege zum moralischen Selbstmord zu sehen, uns veranlaßt, Ihre ›Pri-
vat-Angelegenheit‹ als öffentliche zu behandeln, und daß wir noch immer auf den Tag hoffen, an dem wir Sie angesichts einer klaren und
endgültigen Kampfansage an den Faschismus wieder in Kameradschaft
begrüßen können. Ihr

Wieland Herzfelde

P. S. Zweierlei lassen Sie mich noch betonen: Es ist mir unverständlich,
warum Sie in den Wochen seit der Veröffentlichung Ihres Briefes zu
diesem Mißbrauch geschwiegen haben. Und es ändert nichts am Inhalt
des Briefes, ob er nun an Ihren Verleger oder an das Buchhändler-

Börsenblatt gerichtet war; gerade der Inhalt aber zwingt uns zum Angriff, nicht der Adressat.«

Im letzten Augenblick – das Heft sollte gerade gedruckt werden – verständigte uns Ernst Fischer, daß er einen Brief Stefan Zweigs vom 9. November aus London erhielt, in dem es unter anderem heißt:
». . . Aus Ihrem Brief an meine Frau erfahre ich – zu spät!! – daß der Brief sogar ohne Nennung des Namens Kippenberg, ohne die Aufschrift ›Lieber Professor‹ erschien. Sonst hätte ich die Berichtigung an die AZ anders halten können; ich ahnte ja noch Sonntag nichts von der ungeheuren Infamie, die an mir begangen wurde. . . Ihr mußtet wissen, daß das ohne Ahnung meinerseits geschah – in der Sache selbst war ich ja andrer oder vielmehr gleicher Meinung: man kann eben nicht in Deutschland erscheinen und in Blättern gegen Deutschland schreiben. Aber jetzt ist die Entscheidung gefallen – man kann nichts mehr mit Deutschland zu tun haben, ich breche alle Brücken ab.«
Wenn das geschieht, wurde Ernst Fischers »Offener Brief« durch die Ereignisse überholt. Wir freuen uns, daß Stefan Zweig sich so rasch von der Unmöglichkeit überzeugte, sich zu Hitlerdeutschland neutral zu verhalten; an der Stellungnahme des »Offenen Briefes« gegen die Illusion der Geistesfreiheit wird durch diese Entscheidung Stefan Zweigs jedoch nichts geändert. Zu viele andere zeugen für die prinzipielle Bedeutung dieser Auseinandersetzung.

(1933)

JOSEPH ROTH

An Stefan Zweig

Rapperswil
Dienstag 7 November 1933.

Lieber verehrter Freund,
ich freue mich sehr über Ihre Karte. Ich sage Ihnen aufrichtig, daß ich
nicht mehr gewußt hatte, was Ihnen zu schreiben. Ich habe das Buch-
händler-Börsenblatt und die Arbeiter Zeitung gesehn; das heißt, man
hat sie mir mit höhnischem Triumph gezeigt. Selbstverständlich habe
ich den lächerlichen Versuch gemacht, zu dementieren. Sie können
Sich denken, wie mir dabei zu mute war. Sie wissen nicht, daß ich im
Begriffe war Thomas Mann, Döblin, Schickele wegen ähnlicher Erklä-
rungen anzugreifen. Als ich das von Ihnen erfuhr, war es wie eine Ohr-
feige. Dabei konnte man noch den Dreien zu Gute halten, daß sie von
[...] Bermann Fischer materiell abhängig sind. Sie sind von der Insel
unabhängig. Sie mußten, meiner Meinung nach, zu der Zeit, als Sie
Ihren Brief schrieben, schon die ohrfeigende Schlußbemerkung gekannt haben, mit der die famose Reichsstelle die Loyalitätserklärung
der Drei tapferen Schneiderlein geschmückt hatte: sie stünde nach wie
vor nicht zu der geistigen Haltung der loyalen Dichter.
Nun, ich begrüße den Abstand, der Sie von den Dreien trennt: Diese
schrieben an ihren Verleger mit dem Bewußtsein, daß es publik werde:
Sie telegraphierten sogar. Sie aber schrieben privat an die Insel. Ich
begrüße *nicht*, daß Sie überhaupt geschrieben haben. Gewiß trennt
mich viel von Feuchtwanger. Aber nur, was Menschen trennen kann.
Von allen aber, *ohne Ausnahme*, die heute für Deutschland, mit
Deutschland, in Deutschland öffentlich tätig sind, trennt mich genau
Das, was den Menschen vom Tier scheidet. Gegen stinkende Hyänen,
gegen den Auswurf der Hölle ist selbst mein alter Feind Tucholsky
mein Waffenkamerad. Und wenn die »Sammlung« tausendmal Unrecht hätte: gegen Goebbels, gegen Mörder, gegen die Schänder
Deutschlands und der deutschen Sprache, gegen diese stinkenden Lu-
ther-Fürze hat sogar die »Sammlung« Recht. Ich finde, daß Klaus
Mann, mit dem ich gewiß nicht übereinstimme, die würdigste Antwort

auf Ihre Briefe an die deutschen Verleger gegeben hat: die Zuschrift Romain Rollands im neuesten Heft der Sammlung.

Rolland hat Recht. Unter gar keinen Umständen darf ein aufrechter Mann die »Politik« fürchten. Wir haben ganz große Beispiele in der Literatur. Es ist ein *Hochmut*, olympischer sein zu wollen, als Hugo und Zola. Aber ich gebe zu, daß es Temperamentsache ist, ob man eingreift oder nicht. Loyalität aber bezeugen wollen gegenüber dieser Bande aus Mördern und Scheißern, aus Lügnern und Trotteln, aus Wahnwitzigen und Wortbrechern, Schändern, Räubern, Wegelagerern: Das ist unverständlich. Überlassen Sie den törichten Respekt vor der »Macht«, der Zahl, den 60 Millionen, den dummen Hendersons und Macdonalds, den Sozialisten, den Politikern der Pleite. Wenn *wir* nicht die Wahrheit sehn und *auch* vor Fürzen erschauern: wer soll denn sonst das Wahre sehn?

Ich höre Ihren Einwand: wir seien Juden. Obwohl auch mir mein Kopf zu teuer ist, als daß ich mit ihm vergeblich oder gar zum Schaden der andern gegen die Wand rennen wollte, sehe ich nicht ein, warum ich infolge meines Blutes vom Frontdienst befreit werden und in der Etappe kämpfen sollte. Nein! Nur Bestien, wie jene dort, werden mir mein Blut vorwerfen. Ich bleibe im Schützengraben. Ich *darf* nicht danach fragen, was man davon hält. Ich bin ein Mensch und kämpfe gegen die Tiere für die Menschen. Mögen die Dummen sagen, was sie wollen. Die gerechte Sache ist stärker als das Argument gegen mein Judentum.

Ihr zweiter Einwand: ich unterschätze den Gegner. Ach! Ich fürchte, Sie überschätzen ihn. So dumm die Welt auch ist: von diesem Stall, der jetzt in Deuschland herrscht, läßt sie sich nichts auf die Dauer gefallen. Es ist ein Kampf auf Leben und Tod zwischen der europäischen Kultur und Preußen. Merken Sie das wirklich nicht?

Nehmen Sie meinetwegen öffentlich keine Partei. Bewahren Sie meinetwegen sogar noch einen – mir unbegreiflichen – Respekt vor all Dem, was Sie das »Elementar-Nationale« oder sonstwie nennen wollen. Aber ich beschwöre Sie, hören Sie endlich mit jedem Versuch auf, nach Deutschland auch nur die dünnsten Fäden zu spinnen. Nehmen Sie keine Rücksicht auf die Insel. Jedermann, ganz gleichgültig, wer er ist, wie er früher war, der öffentlich heute in Deutschland tätig ist, ist eine BESTIE.

Sie haben früher dementiert, daß Sie der Arnold Zweig sind. Sie dementieren durch jede Verbindung mit Deutschland, daß Sie der *Stefan Zweig* sind. (Es ist ein Wort Ihrer Leserin)

Sie haben viel zu verlieren: keine persönliche Würde allein, sondern eine literarische – eine weltberühmte Würde. Tausenden, die so über Deutschland denken, wie ich, *nicht wie Sie*, waren Sie eine Stütze, ein Glauben. Im Kriege standen Sie an der Seite Romain Rollands.

Jetzt, wo es schlimmer als Krieg ist, schreiben Sie *aus Rücksicht* an die Insel. Das ist, wie wenn Sie, während des Krieges, an einen Hauptmann des Großen Hauptquartiers geschrieben hätten – nur, weil er sonst durch seine alte Freundschaft mit Ihnen zu Schaden gekommen wäre –: Sie seien »im Grunde« gar kein Gegner des Kriegs.

Alles kommt von Ihrer schwankenden Haltung. Alles Böse. Alles Mißverständliche. Alle dummen Zeitungsnotizen über Sie. Sie sind in Gefahr, den moralischen Kredit der Welt zu verlieren und im Dritten Reich nichts zu gewinnen. Praktisch gesagt. Moralisch aber: Sie verleugnen eine 30jährige Vergangenheit. Wozu? Für wen? Für einen Geschäftsfreund. Einen braven bornierten Menschen, das Beste, was man von ihm sagen kann, der »an Ihnen« schwere Tausende verdient hat. Dessen Schwiegersohn [...] ist. Der dadurch allein, daß er in Deutschland bleibt, Alles zunichte macht, was er an Ihnen und sonst Gutes getan hat – getan haben mag. (Auch das Gute war Geschäft.)

Lieber Freund, Sie wissen, daß ich eher zu den Gerecht-sein-Wollenden gehöre, als zu den Unerbittlichen. Mir ist das Engstirnig-Gehässige zuwider, das Sektiererische. Sie wissen es ja. Aber jetzt, jetzt ist die Stunde der Entscheidung da. Stärker, als im Krieg. Jetzt, angesichts dieser höllischen Stunde, in der die Bestie gekrönt und gesalbt wird, hätte selbst ein Goethe nicht geschwiegen. Zumindest hätte er nicht vor Jenen eine Beziehung zu den Gegnern des III. Reiches dementiert. Jetzt auch ist keine Zeit mehr, von Jud oder Nicht-Jud zu sprechen. Weshalb haben Sie, als Sie im Kriege in der Schweiz waren, nicht bedacht, daß man den schmählichen Verdacht gegen die Juden, sie sabotierten das Vaterland, nicht verstärken dürfe? Damals waren Sie ein Jude, genau wie heute.

Ich kann Ihre Haltung nicht billigen. Ich bin ein besserer Freund, als die Insel. Und mir, mir allein zuliebe hätten Sie den unseligen Brief nicht schreiben dürfen. Ohne mich zu fragen. Wenn Sie es nicht gewußt haben, geahnt hätten Sie doch, daß ich solch einen Brief nicht gutgeheißen hätte.

Es ist nicht nur die Stunde der Entscheidung in dem Sinne, daß man gegen Deutschland für den Menschen Partei nehmen muß: sondern auch in dem, daß man jedem Freund die Wahrheit sagen muß. Also sage ich sie Ihnen – und glauben Sie mir, die Eile zwingt mich zu einem feierlichen Ton, der mir peinlich ist –: zwischen uns Beiden wird ein Abgrund sein, so lange Sie INNERLICH nicht ganz, nicht endgültig mit dem Deutschland von heute gebrochen haben. Lieber wäre mir, Sie kämpften mit dem ganzen Gewicht Ihres Namens dagegen. Wenn Sie Das nicht können: bleiben Sie wenigstens still. Schreiben Sie nicht an die Insel, an Den oder Jenen. Um »Unannehmlichkeiten« dem Adressaten zu ersparen. Sie schaffen Sich selbst damit stärkere. Sie sind klug genug, um zu wissen, daß heutzutage in Deutschland der Inhaber der Insel ebenso ein staatlicher Funktionär ist, wie die Reichstelle. Sie hätten also wissen müssen, daß Ihr Brief kein privater bleiben kann. Schon jeder gewöhnliche deutsche Staatsbürger ist ein arschleckender Angestellter des Staates; geschweige dann der Verleger der Insel, oder Fischers. (Ich wünsche ihnen allen das Konzentrationslager.)

(Schicken Sie bitte, an das »Tagebuch« eine Abschrift Ihrer Erwiderung an die Arbeiter Zeitung. Herr Schwarzschild hat mir auch von Ihrem Brief an die Insel Mitteilung gemacht. Ich halte es für wichtig, daß er weiß, wo Sie stehen.)

Noch einmal: Sie müssen entweder mit dem III. Reich Schluß machen, oder mit mir. Sie können nicht irgendeine Beziehung zu einem Vertreter des III. Reiches haben – und das ist dort jeder Verleger – und zugleich zu mir. Ich mag es nicht. Ich kann es nicht verantworten; nicht vor Ihnen, nicht vor mir.

Antworten Sie mir, bitte, so bald es geht. Küssen Sie Frau Zweig die Hand für mich.

Ihr alter Freund

                                                            Joseph Roth

JOSEPH ROTH

An Stefan Zweig

Nizza, 13. VII. 1934

[...] Sie sind klug. Ich bin es nicht. Aber ich sehe, was Sie nicht sehen können, weil Ihre Klugheit eben Ihnen erspart, zu sehen. Sie haben die Gnade der Vernunft und ich die des Unglücks.

Aus den Tagebüchern

25. VII. [1934]

Gelesen: »Erasmus.« Stets: der etwas zweitklassige Glanz seines Stils. Sehr grosse Intelligenz. Oft sehr deutliche Rechtfertigungsversuche der eigenen schwankenden Haltung – durch Verklärung (k r i t i - s c h e, dezente Verklärung) des Erasmus. –

THOMAS MANN

Aus den Tagebüchern

Küsnacht, Sonntag den 29. VII. 34.
Ich las in Zweigs Erasmus-Buch. Die historische Anspielung und Parallele ist schon unerträglich, weil sie der Gegenwart zuviel schwächliche Ehre erweist. »Luther, der Revolutionär, der dämonisch Getriebene dumpfer deutscher Volksgewalten«. Wer erkennt nicht Hitler?
Aber das ist es ja gerade – daß die ekle Travestie, die niedrige, hysterische Äfferei für mythische Wiederkehr genommen wird. Das ist schon die Unterwerfung.

Sonntag den 5. VIII. 34.
Der »Erasmus« von Zweig hat mir doch manches gegeben. [...] Die »Wiederkehr« ist insofern anzuerkennen, als der antirationale und antihumane, auf Blut und Tragödie versessene Nationalsozialismus, dessen Friedensliebe ebenso lügenhaft ist wie sein Verleugnen einer anderen seiner Wesentlichkeiten, der Homosexualität, die tumultuöse und blutige Rolle des Luthertums wieder spielen wird.

Erasmus von Wien

Fast alle wesentlichen Biographien haben einen sehr kräftigen autobiographischen Kern. Sie sind Darstellungen der Sehnsucht oder der Abneigung, der Ideale oder der Gegner des Darstellers. Schon im Thema steckt meist ein Bekenntnis des Biographen. Biographische Streitschriften gar gehen über diese intime Beziehung zwischen Maler und Porträt noch hinaus. Hier wird der Held zum Kronzeugen für das Leben dessen, der ihm ein Denkmal setzt; diese Lebensbilder kaschieren, mehr oder weniger verhüllt, eine Konfession.

Das jüngste Produkt dieser Gattung ist Stefan Zweigs ›Triumph und Tragik des Erasmus von Rotterdam‹. Dies hervorragend ausgestattete Buch, von dem nur sechshundert numerierte Exemplare, auf Zerkalbütten der Papierfabrik Renker & Söhne gedruckt, in den Handel gelangten, ist die Rechtfertigungs-Schrift eines Wiener Neutralen, des Schriftstellers Stefan Zweig, während des mitteleuropäischen Bürgerkriegs im Jahre 1934.

In dem stillen Gelehrtenleben des weltberühmten Humanisten gibt es eine Episode von stärkster Dramatik: Erasmus' Konflikt mit Luther. Die Dissonanz dieser beiden Naturen hat Stefan Zweig vorzüglich herausgearbeitet: der alles verstehende, abgeklärte, höfliche Humanist und der einseitige, leidenschaftsverstrickte, große Fanatiker gewinnen erst in diesem Gegeneinander die volle Plastizität ihres Typus. Nie sind diese beiden großen Gegner im Leben einander begegnet. Kein historisch beglaubigtes Duell, bei dem sie Aug' in Aug' einander hätten anhassen können, gibt dem Biographen den anschaulichen Rahmen zur Versinnlichung dieser geistigen Spannung. Um so mehr glänzt die Fähigkeit des Darstellers, allein aus der Korrespondenz und der Polemik diesem Zwist der Arten ein überzeugendes Dasein zu geben.

Aber man täte diesem Buch Unrecht, wollte man an ihm nur die bekannte Porträt-Kunst seines Autors hervorheben. Erasmus ist nur der Vorwand für eine Botschaft an unsere Zeit – für eine sehr leise, sehr verbindliche Botschaft, wie sie dem Erasmus von Wien angemessen ist. In eine unverhüllte, direkte, unwienerisch-unverbindliche und deshalb etwas provokatorische Sprache übertragen, lautet sie etwa so: wir Humanisten von vier Jahrhunderten, von Erasmus bis Stefan Zweig, werden immer bedrängt, Partei zu nehmen. Man verlangt von uns, Bewohnern des Reichs der Schönheit und des Wissens, daß wir auf weises Verstehen und ätherisches Gewissen verzichten, um uns die Scheuklappen irgendeiner Leidenschaft anzulegen. Man will uns zwingen, unsere Handlungsfreiheit aufzugeben, uns auf irgendein engstirniges Tagesprogramm festzulegen. Gehen wir nicht darauf ein, so nennt man uns Feiglinge. Wir aber sind nicht feige, sondern Freie; nicht Drückeberger, sondern Bekenner eines »geistaristokratischen Ideals«. Wir hassen die Partei, weil wir nur *eine* Partei kennen: unser ungebundenes, einer höheren Sphäre hingegebenes Ich.

Das ist das Motiv, die These, die Melancholie und der Stolz dieses Buches. Aber Stefan Zweig ist so phantastisch unparteiisch, daß er nicht einmal für seine eigene Position ohne Reserve Partei nimmt. Nicht einmal auf die Partei der Parteilosigkeit ist er eingeschworen. Nicht einmal seine Freiheit verteidigt er mit Fanatismus. Gerecht bis zur Selbstzerstörung, weist er am Paradigma des großen Vorbildes Erasmus nach, wie die Parteilosigkeit sich selbst mordet: Erasmus hätte, nach Zweigs Ansicht, weder vor dem Kongreß zu Worms noch vor dem Kongreß zu Augsburg sich drücken dürfen. Aber, fragen wir, was hätte er denn tun sollen? Sich einmischen? Kann man sich denn einmischen ohne festen Standpunkt, ohne ein entschiedenes Für und Gegen, ohne den Willen zu Alliancen? Kann man für den Humanismus fechten, ohne Partei gegen seine Feinde zu sein? Vielleicht war Erasmus in der Praxis konsequenter als Zweig in der Theorie. In einer Praxis, die allerdings schon damals zeigte, was aus einem Humanismus wird, der kampflos den Gegnern das Feld räumt. Und noch in einem zweiten ist Erasmus ungebrochener als Zweig. Der Ältere glaubte noch an die Wirkung der Bildung; glaubte noch, daß der Humanist eine wesentliche Triebfeder im Prozeß der Höherentwicklung ist. Der Jüngere, wissender, lächelnd über den naiven Kultur-Optimismus vor 400 Jahren, merkt offenbar gar nicht, wie sehr er mit diesem (berechtigten) Lächeln das Recht verloren hat, eine Neutralität des Geistigen zu verteidigen, von der Erasmus sich noch eine Wirkung versprechen konnte. Man kann nicht des Erasmus Lob der Neutralität wiederholen – und zugleich seinen Glauben an die kulturfördernde Wirkung dieser Neutralität (mit Recht!) belächeln.

Der späte Erbe spürt selbst die gefährliche Dialektik seines Standpunkts. Er hat nicht mehr das gute Gewissen des Erasmus. Er hat, ein Zwiespältiger, nicht mehr die erasmische Unschuld im Schweben über den Parteien. Er weiß schon um die Sünde der Neutralität. Er preist seinen Helden ob seiner Absagen nach allen Seiten – und wirft ihm die Folgen dieser Absagen vor. Oder – reden wir endlich von uns! Denn Stefan Zweig ist mit diesem Buch nicht ein Autor, der sich einige mehr oder weniger hübsche Gedanken ausgedacht hat: er ist der Vertreter einer Welt, die heute mancher Zeitgenosse nur deshalb besingt, weil sie in Unschönheit gestorben ist. Kopfschüttelnd, ein bißchen hochmütig, ein bißchen melancholisch, steht Stefan Zweig vor dem Trubel dieser Tage. Er sieht im beginnenden 16. Jahrhundert ebenso wie in unserer Ära so etwas wie eine »dem ewig Irrationalen der Leidenschaft« entkeimte Giftpflanze, wie eine von Gott gesandte Sintflut. Die Humanisten bleiben am besten, dies ist sein Rat, auf den Bergesgipfeln, bis sich nach Gottes Ratschluß die Wasser wieder verlaufen haben. Leider ist nun unsere Sintflut, diese »Sturzflut des Fanatismus, geballt aus den Untiefen der menschlichen Triebwelt« so bösartig, daß sie selbst die Humanisten naß macht – allerdings die arischen Humanisten weniger naß als die semitischen, die wohlhabenden Humanisten weniger naß als die ärmeren. Die Humanisten, die sich nicht einmischen, werden heute also eingemischt. Ihnen bleibt nichts übrig, als den Zwang nicht noch freiwillig zu vergrößern. Wenn auch der Insel-Verlag die Werke des gebrandmarkten Stefan Zweig nicht mehr druckt, so wäre es dennoch ein geradezu unhumanistischer Fanatismus, zum Querido-Verlag zu gehen. Besser wartet man auf dem Ararat des unbelasteten Wiener Verlages Herbert Reichners, bis sich die Wasser verlaufen. Das ist die Anwendung des Erasmischen auf den Alltag.

Stefan Zweig wünscht »ohne innere Verwirrung« diese verwirrten Tage »zu überdauern«. Zu welchem Zweck überdauern? Nur damit – weil ja die Sintflut, nach Stefan Zweig, immer wiederkommt – die Enkel der heutigen Humanisten wieder vor einem ähnlichen Rohrbruch des europäischen Haushalts ausrücken müssen?! Es gibt zu wenig Europäer in Europa, um nicht mit Respekt die großen Verdienste zu erwähnen, die sich Stefan Zweig um dieses Europa erworben hat. Und es gibt gerade heute zu fürchterliche Ausgeburten des stumpfsinnigsten Partei-Idiotismus, um nicht Stefan Zweigs Hymnus auf das leidenschaftslose Denken und Kulturgenießen wie eine kühlende Salbe auf verbrannter Haut zu spüren. Doch ist die Gefahr, die heute in der Haltung vornehm-reservierter Konzilianz liegt, so enorm, daß dieser olympischen Liebenswürdigkeit nicht deutlich genug geantwortet werden kann. Die (keineswegs neue) Antwort: unsere Sintflut ist keine Sintflut, sondern eine von Menschen herbeigeführte Katastrophe; man braucht deshalb nicht gottergeben auf das Sinken der Flut zu warten, wenn man sich nur entschließt, selber Hand anzulegen.

Stefan Zweig lobt den Mut des Neutralen, der es wagt, keiner Partei anzugehören. Er ist also nicht nur neutral – er macht aus der Neutralität noch ein Ethos. Damit rückt er selbst seine persönliche Haltung aus der Sphäre des Privaten in die Sphäre der öffentlichen Diskussion. Wer nur ungern in das private Leben der Zeitgenossen als Moralisierer eindringt, wird es begrüßen, daß dieses Buch eine öffentliche Debatte über die Haltung aller Humanisten herausfordert, die 1934 den Erasmus spielen. Diese Debatte ist schon tausendmal geführt worden: der »friedliche«, genießende Humanismus ist längst als Stütze der Barbarei entlarvt worden; er überantwortet, nicht anders als das vom Irdischen abgewandte Christentum, die Welt den Banditen. Aber was widerlegt ist, das ist deshalb noch lange nicht real vernichtet. Wenn heute der Humanismus nicht nur besiegt, sondern auch mit dem Klang der Lächerlichkeit behaftet ist, so ist das die Schuld seiner Bekenner, die es wiederum ablehnen, ihm die Erde zu erobern.

(1934)

Mein zwanzigstes Jahrhundert

Dramatischer war meine zweite Niederlage: der Querido-Verlag in Amsterdam weigerte sich, mein Manuskript ›Richard Wagner. Ein Mann und ein Volk mit besonderer Bedeutung‹ zu drucken. Da kamen die Hilfstruppen an, ein Mann stark – aber was für ein starker Mann im Felde der Literatur: Stefan Zweig, der gelesenste Autor auf dem Erden-Rund. Ich hatte ihn 1934 in London gesehen, einen zufriedenen Emigranten, glücklich über die Freiheit von Haus und Bibliothek. Er agierte wie ein alter Ehemann mit Kindern und Kindeskindern, der plötzlich Junggeselle geworden ist – und die Welt steht ihm offen. 1936 schrieb er mir freundliche Zeilen über meinen ›Loyola‹, mit einer Kritik, die zeigte, daß er, auf seiner Ebene, der klügste aller Techniker war. Seine Psychologie aber kam in einem Satz über Joseph Roth zum Vorschein: »Er gehört zu den unheilbaren Fällen, die gerade durch ihre Unheilbarkeit nicht so gefährdet sind wie andere.« Es war eine Vorstellung von der Seele, wie sie Zweig-Leser hegten.

Nicht erwähnte er, daß ich ihn in Emigranten-Eifer angegriffen hatte, als sein ›Triumph und Tragik des Erasmus von Rotterdam‹ erschienen war. Ich nannte ihn mit dem schlimmsten aller Schimpfworte, das unser Vokabular hergab, einen »Neutralen«; heute sagt man feiner ein »Erasmist«. Ich denunzierte sein Buch als autobiographisch und referierte seine Botschaft bösartig: »In eine unverhüllte, direkte, unwienerisch-unverbindliche und deshalb etwas provokatorische Sprache übertragen, lautet sie etwa so: wir Humanisten von vier Jahrhunderten, von Erasmus bis Stefan Zweig, werden immer bedrängt, Partei zu nehmen. Man verlangt von uns Bewohnern des Reichs der Schönheit und des Wissens, daß wir auf weises Verstehen und ein ätherisches Gewissen verzichten, um uns die Scheuklappen irgendeiner Leidenschaft anzulegen.« Diese Attacke erwähnte er also nicht in seinem Brief. Im Winter nach meiner Rußland-Reise kam eine Postkarte, er sei in Marseille und würde uns gerne sehen.

Er war da mit seiner Sekretärin, die dann seine Frau wurde; vergnügt wie die lustigsten Matelots, die ihn sehr animierten. Wir aßen bei »Basso«, er regte unseren Appetit und Durst an – und fragte: »Woran arbeiten Sie?« Ich erzählte ihm von mir und Richard Wagner. Er wollte das Manuskript, möglichst sofort. In einem Tag und einer Nacht werde er es lesen und uns dann besuchen. In drei Tagen sollten wir ihn vom Bahnhof Ollioules abholen. Ich hatte nicht nur den Vertrag des Querido-Verlags, sondern sämtliche Übersetzungen schon in der Tasche. Denn Stefan Zweig war die mächtigste Großmacht im Reich des Gedruckten.

Selbst Werner Krauß konnte nicht so gut Maske machen, um den veränderten Stefan Zweig darzustellen, der drei Tage später auf unserem Lokal-Bahnhof ausstieg. Er sah aus, als seien plötzlich alle seine Helden auf einmal gestorben. Er trug Trauer-Kleidung, zugeknöpft bis über den Mund. Als wir in Sanary ankamen, bat er Sascha, höchst formell, seiner Sekretärin den Ort zu zeigen. Wir setzten uns hinter eine weite Fensterscheibe des leeren Cafés de la Marine; es war recht kalt.

Er blätterte und blätterte in meinem Manuskript und las vor, las vor, las vor. Mir gefiel alles ausgezeichnet. Er sah mich nicht an und hatte die tiefste Grabes-Stimme gewählt; meine Sätze klangen mir in dieser Aufmachung besonders gut. Dann legte er die Seiten sorgfältig zusammen, stieß behutsam das dicke Manuskript zweimal auf den Marmortisch, einmal mit der Schmalseite, einmal mit der Breitseite; es sah nun sehr ordentlich aus. Er sagte nur: »Ich kenne viel Gehässiges gegen den Meister. So etwas habe ich noch nie gelesen. Das Wort ›Genie‹ kommt nicht ein einziges Mal vor.«

Ich dachte nicht eine Sekunde daran, daß es eine Revanche für meine Demolierung des »Erasmus aus Wien« sein könnte. Es war viel bemerkenswerter. Mein Wiener Erasmus lebte noch immer in den »Sternstunden der Menschheit« und nicht, wie ich, zur Zeit des Unsterns – und seines großen Geburtshelfers Richard Wagner. Stefan Zweig wußte nicht mit dem Problem zu Rande zu kommen: wie es möglich sei, den Schöpfer der ›Meistersinger‹ und des ›Tristan‹ nicht zu lieben. Eine recht dauerhafte Sorge. Bis zu Hamsun wurde man nicht fertig mit dem Konflikt zwischen einer enthusiastischen Neigung für ein Werk und einer dezidierten Abneigung gegen den Werker. Ich habe keine Schwierigkeiten. Ich respektiere viele Werke – aber nicht die, welche sie geschaffen haben. Ich habe für viele Schaffende Respekt – aber nicht für ihre Schöpfungen. Richard Wagner hat manche anbetungswürdige Musik geschrieben – und ist der einzige große National-sozialist gewesen, den die Späteren mit Recht zu ihren Ahnen zählen konnten. Es ist unbequem, daß nicht alles so in Harmonie ist, wie zu wünschen. Und Stefan Zweig haßte die Dissonanz.

Er konnte sich nicht erholen; und ich hatte mehr verloren als Varus, dessen Legionen doch schließlich nur eine kleine Portion des Gesamt-Kapitals waren. Am lustigen Kai von Toulon schlangen wir irgend etwas Eßbares lustlos herunter. Ich sah ihn nie wieder.

(1968)

Erinnerungen an Stefan Zweig

Wenn sich bei meinem Aufenthalt in Salzburg die seltene Gelegenheit ergab, Stefan Zweig besuchen zu dürfen, führte mich der Weg über die Stufen des Kapuzinerberges an den Figurengruppen von Christi Leidenstationen vorbei. Es war ein alter Büßerweg, und die Szenen der Geißelung, Dornenkrönung, des Kreuztragens, die in den drei Kreuzen des Kalvarienberges ihren Abschluß finden, zogen mich in ihre Welt. Der Glaube einer frömmeren Welt erstand auf diesem Klosterberg neu.

Indessen befand ich mich auf längst säkularisiertem Gebiet, wo sich Privatleute angesiedelt hatten. In einem solchen Haus, einem noch in kaiserlichem Gelb gehaltenen, einstigen Jagdschlößchen, wohnte Stefan Zweig. Wenn ich anläutete, öffnete ein Diener, der sich um meine Anliegen erkundigte und, wenn er wiederkehrte, seinen Herrn entschuldigen ließ, die telephonische Vereinbarung nicht voll einhalten zu können. Statt dessen begrüßte mich meistens seine Frau Friderike, die mir die Umstände der Verhinderung erklärte: ihr Gatte sei mit den letzten Korrekturen eines neuen Buches beschäftigt, oder eine Berühmtheit der Literatur sei unerwartet eingetroffen und nähme ihn über Gebühr in Anspruch. Ich wurde zu einem Gartentisch geführt, wo sich ein großer Hund zu unseren Füßen lagerte. Ein Mädchen tischte die »Jause« auf, und im Gespräch verging die Zeit. Endlich erschien Stefan Zweig in kurzen Sporthosen, die Pfeife im Mund, und holte uns ins Haus zurück. Er ließ keine Spur davon merken, daß er damals der in der Welt berühmteste Schriftsteller Österreichs war, dessen Bücher in alle größeren Sprachen übersetzt waren. Schnell kam er auf das Thema zu sprechen, das ihn gerade beschäftigte. Sein Profil mit der geschwungenen Nase und dem bis zu den Flügeln reichenden dunklen Schnurrbart schien noch seiner Arbeit zugewendet, während er sich auf den Besuch umzustellen suchte.

Stefan Zweig war sehr ausschließlich in seinem Denken. Neben der Welt, wo der Mensch das Maß aller Dinge bedeutet, ließ er kaum anderes gelten. Es ergaben sich wohl vom Persönlichen her Verzweigungen in die Gebiete des Psychologischen, Tragischen, Abgründigen, Kuriosen, aber sein Interesse stand und fiel mit der Erscheinung der menschlichen Größe.

So war eine meiner Begegnungen – Mitte der zwanziger Jahre – durchaus im Zeichen des für ihn wunderbaren Ereignisses, daß er erst jetzt »Loris«, des Gymnasiasten Hofmannsthal Gedichte, entdeckt habe, der alle moderne Lyrik überschatte. Es sei phantastisch, was dieser Dichter mit sechzehn Jahren geschaffen, eine Höhe, die später weder von ihm selbst noch von einem Zeitgenossen erreicht worden sei. Zur Bekräftigung las er mir einzelne Gedichte vor – mit der Hingabe des echten Liebhabers von Literatur, der die Nuancen des gesetzten Wortes, geschlossenen Bildes, mühelosen Rhythmus zu übermitteln verstand. Es spielte, als er geendet hatte, die Wehmut eines Abschiedes herein. Denn diese Verse erschienen ihm wie letzte Bezeugungen dichterischer Sprachkraft, und es mehrten sich für ihn die Zeichen, daß Europa am Ende seines Humanismus stünde. Die gestaltende Kraft nähme katastrophal ab. Wir stürzten in ein Wellental der Barbarei, das lange dauern würde, eine Tatsache, die wir nicht gern ernst nähmen, weil wir einfach leben wollten.

Ich konnte seinem Pessimismus diesmal und auch bei späteren Begegnungen nicht durchaus zustimmen. Warum sollte außer Loris' Gedichten soviel anderes im Schatten liegen? Das Anlegen von so strengen Maßstäben entwertete ja Dinge, die des Dankes wert schienen, etwa Georg Trakls Dichtung.

Auch sonst empfand ich Widerspruch gegen manches, was Stefan Zweig aussprach – aus seiner geprägten Welt her aussprach. Tauchten mir Bedenken schon während des Gespräches auf, hatte ich mit Selbstvorwürfen zu schaffen, daß ich einem so freundlich und aufrichtig gesinnten Partner meine Meinung vorenthielt. Ich konnte doch nichts ändern an diesem Verhalten. Im nächsten Jahr oder in zwei Jahren wiederholte sich der Vorgang.

War ich während der früheren Jahre an den Leidenstationen vorbei zum Kalvarienberg und zum gelben Schlößchen gewandert, stand mein letzter Besuch im Zeichen der entgegengesetzten Richtung. Nicht daß ich einen anderen Weg gewählt hätte, aber die Erinnerung heftet sich am stärksten an den Rückweg.

Es war, glaube ich, 1935[!], also nach Hitlers »Machtergreifung«, und Stefan Zweig wußte bereits besser als die meisten in Österreich, wie unabwendbar sich die Dinge gestalten würden. Längst trug er sich mit der Absicht, den Salzburger Haushalt aufzulösen, die Stadt, die so nahe der Grenze liegt, zu verlassen. Die Stimmung gegen die Schloßherrschaft auf dem Kapuzinerberg mochte sich von höflicher Kühle in immer häufigere Feindschaft verwandelt haben, die das Leben dort oben erschwerte. Ich bekam einen Begriff, wie es damit stand, als ich sein Haus nach meinem letzten Besuch verließ.

In der Garderobe hatte er mir plötzlich vorgeschlagen, mich auf dem Weg in die Stadt zu begleiten: er hatte in der Getreidegasse ein kleines Café, wo er Schach spielte. So wanderten wir nebeneinander, die Leidenstationen in entgegengesetzter Richtung passierend. Rührend einfach, mit der Pfeife in der Hand, ging er neben mir und erleichterte sein Herz von dem Druck der drohenden politischen Lage: er sah das Schlimmste sich nähern. Dabei äußerte er sich, ohne seine Umgebung im geringsten zu beachten, mit ziemlich lauter Stimme – er gehörte ja zu den Verfemten der Bücherverbrennungen – und machte weite Gebärden mit seiner Pfeife.

Da merkte ich, wie ein in Alpentracht gekleideter Bursche, der mit seinen weißen Strümpfen die damals verbotene Parteizugehörigkeit zum Nationalsozialismus zu erkennen gab, von einer Bank aus den Vorübergehenden ansah. Es war ein Blick voll Hohn und Haß. Vorher hatte ich erfahren, daß anonyme Briefe im Hause Zweig keine Seltenheit mehr waren. Saß also der junge Mann hier, um ihm mit stummer Verachtung aufzulauern, wenn er zu gewohnter Zeit sein Café aufsuchte? Und hatte mir Stefan Zweig seine Begleitung angeboten, um nicht allein solchen Attacken ausgesetzt zu sein?

Ich ahnte nicht, daß der Gang von der Höhe des Kalvarienberges unser letzter sein sollte. Das gemeinsame Schicksal machte uns zu Brüdern, wovor der große Unterschied des Ranges und auch der Anschauungen verschwand. Merkwürdig war immerhin, daß wir im Zeichen der entgegengesetzten Leidenstationen gingen. Wir beachteten, unglücklich über die Entwicklung der Dinge in Deutschland, wie wir waren, das Symbol nicht, das uns überschattete.

Es war im letzten der drei überaus strengen Winter während des Zweiten Weltkrieges. Ich befand mich als Emigrant in Schweden, hatte aber im Feber 1942 zum erstenmal nach einer Reihe von Asylen Gelegenheit bekommen, eine eigene Wohnung zu mieten. Ein Nomadendasein von vier Jahren hatte also aufgehört: ich sollte, wenn auch im fremden Land, wieder beständigen Boden unter mir wissen. Das Ganze war ohne mein Dazutun, ja gegen meinen Wunsch geschehen, als hätte es ein schützender Geist vorbereitet.

Unsere beiden Zimmer hatten freilich Holzwände zu ebener Erde und keine Unterkellerung und ließen deshalb die grausame Kälte ein, als wären sie von Papier. Vergeblich bemühte ich mich, durch Einheizen eine erträgliche Temperatur zu erreichen. Als einziges Brennmittel stand nur teures Holz zur Verfügung, das überdies nicht trocken war und dadurch die Wirkung erschwerte.

Von Stefan Zweig hatte ich seit langem nichts mehr gehört. Das Flüchtlingsjahr 1938 hatte mich noch in kurze briefliche Verbindung mit ihm gebracht. Eine gemeinsame Wiener Freundin, eine alte Bürgerschullehrerin, hatte sich in ihrer Güte und ohne mein Wissen an ihn gewendet, der in London lebte, und angefragt, ob er mir bei einer Anstellung behilflich sein könnte. Ich besitze noch seine Antwort, die sie mir überlassen hat. Mein Schicksal ging ihm nahe, und es war viel, daß ein so beschäftigter und von Briefen dieser Zeit bestürmter Mann wie er meiner Not Interesse schenkte. Aber sein Pessimismus, den er selbst »unselig« nannte, spiegelte sich darin. Er hielt meine Lage beinahe für hoffnungslos.

»Liebste, Verehrte«, schloß er, »es gibt keine Stellungen (außer hier Dienstpersonal) – man muß sie erfinden, das heißt, etwas ganz Neues vorschlagen, was man in jenem Lande braucht, alles andere, Journalisten, Ärzte, Regisseure, Photographen, alles Intellektuelle hat man in Europa im Überfluß. Das einzige Land, das sie brauchte, Rußland, sperrt sich bis heute zu – ach, liebe Freundin, wenn Sie wüßten, wieviel Briefe ich schreibe und wie wenigen ich bisher helfen konnte: Es macht einen verzweifelt!«

In einem anderen Brief gab er sich wirklich Mühe, mir Winke für eine Fahrt auf einem Frachtdampfer aufzuschreiben, der von Hamburg aus einen norwegischen Hafen anlaufen sollte. Er besaß da genaue und wertvolle Kenntnisse, die er auch anderen mitgeteilt haben mag. Ich konnte doch keinen Gebrauch davon machen, weil sich mein Schicksal plötzlich ganz anders gestaltete, als ich es erwartet oder geplant hatte. Ich sollte wie viele andere meine Sicherheit nicht mehr in eigenem

Wollen und Laufen oder durch einflußreiche Personen finden, sondern lernen, mich an der Hand nehmen zu lassen und der Führung zu folgen, die hinter jedem einzelnen Menschen steht.

Im März 1942 hatte ich also meine erste Wohnung in Schweden bezogen und war in den Tagen nach dem Einzug viel damit beschäftigt, durch Einheizen die Zimmer vom eisigen Griff der Kälte zu befreien. Ich versuchte wieder einmal, Holz, das von Nässe zischte, in Brand zu stecken, und hielt für den Augenblick, da es wieder in rauchiges Schwelen übergehen sollte, eine der Zeitungen zum Unterzünden bereit, die der frühere Mieter zurückgelassen hatte. Es war ein Stockholmer Abendblatt älteren Datums, und als ich beim Ofen die Titelseite überflog, entdeckte ich zu meinem Erstaunen an ihrem unteren Rand ein Jugendbild von Stefan Zweig. Von einer Sekunde zur anderen hatte ich die Überschrift gelesen, die seinen Tod meldete. Er war in Petropolis, nahe Rio de Janeiro, mit seiner Frau aus dem Leben gegangen. Die Nachricht stammte von 23. Feber, lag also zwei Wochen zurück.

Sie war zunächst unfaßbar. Ich hatte ja als sicher angenommen, daß der Dichter, der sich mit einem Buch über Brasilien eben neuen Ruhm erworben hatte, jenseits des Atlantiks in einer besseren Lage befand als wir in Europa, die wir jederzeit mit einer Okkupation zu rechnen hatten. Wie konnte ihn und seine Frau eine solche Verzweiflung überfallen haben, da unsere Not für sie ja nicht galt?

Später begann ich die Ursachen zu ahnen. Ich erfuhr, daß es sich um eine Frau aus einer anderen Ehe handelte, und auch ›Die Welt von Gestern‹, ein Buch, das noch im selben Jahr in Stockholm erschien, ließ mich verstehen, was hinter dem Unumstößlichen seines Entschlusses gestanden haben mochte. Er konnte wohl als der Repräsentant des europäischen Humanismus, als den er sich fühlte, die Verwüstung, die er lange vorausgesagt und jetzt vom fremden Kontinent aus in beunruhigendem Maß anwachsen sah, nicht länger ertragen. In der ersten Hälfte des Jahres 1942 erschien das Dritte Reich noch in unabsehbarer Zunahme seiner Macht begriffen und in der gesamten Welt ein Umsturz zu dessen Gunsten bevorstehend. Die schlimmste Phantasie reichte nicht aus, sich die Folgen vorzustellen. Da fand sich Stefan Zweigs »unseliger Pessimismus« bestätigt. Er hatte sich während eines ganzen Lebens der Potenz verschworen, die jetzt zusammenbrach, und da war es für ihn eine Ehrensache und zugleich ersehnteste Erlösung, diesem Sturz zu folgen.   (1956)

Plauderei mit Stefan Zweig

London, im August.
Der äußere Eindruck, den man von diesem eigenartigen Menschen gewinnt, verwischt manche Vorstellungen, die man sich von dem Dichter Stefan Zweig gemacht hat. Eine Begegnung mit ihm ist beileibe nicht enttäuschend, nur so ganz anders als erwartet. Sein Wesen ist so behutsam reserviert und bescheiden, daß man im Gespräch über Alltägliches die Erinnerung an die kraftvoll mächtige Sprache seiner Novellen und Romane, seiner Gedichte und Dramen verliert. Die bezaubernde Einfachheit seiner Erscheinung und seines Auftretens überwältigt. Man erkennt erst später, in der retrospektiven Betrachtung dieser Begegnung, den Trugschluß, dem man sich ahnungslos hingegeben hat, als man Zweig nach seinem Auftreten beurteilen wollte. Seine Ruhe und Gelassenheit, die Scheu vor Publizität sind nichts als Produkte seines meisterhaft gezügelten Willens, einer ungeheuren Selbstbeherrschung, die er in bestimmten Dosen loszueisen weiß, wenn er sich einem Menschen ganz anvertrauen will oder – wenn er arbeitet.
Die träge Gelassenheit seines äußeren Charakters ist mitnichten ein Zeichen seines wahren Wesens. Stefan Zweig ist einer der produktivsten Meister der deutschen Sprache. Er ist Österreicher. Seine dunklen, verträumten Augen gemahnen an slawischen Einschlag. Seine feinen, sensitiven Hände sind sprechend, sein vorwärtsstrebender Gang verrät diesen die jeweilige Umgebung überstrebenden Drang nach außen, nach den Grenzgebieten der menschlichen Seele, die er besser zu sezieren wußte als irgendein anderer Dichter. Darum auch seine Internationalität. Zweig ist der meistübersetzte deutschsprachige Autor, dessen Werke in China, England und Amerika ebenso bekannt sind wie in Polen, Palästina, Griechenland und Brasilien.
»England ist uns nicht mehr so fern und so fremd«, meinte er, als wir kurz vor seiner Abreise aus London, wo er die letzten Monate verbracht hat, über die Wandlung im geistigen Leben Englands sprachen, die sich in den letzten Jahren vollzogen hat. »Heute hat der Typus des Menschen, der den Krieg miterlebt hat und in den Vierzigern oder Fünfzi-

gern steht, die entscheidende Macht. Im Krieg kam eine junge aufnahmsfähige Generation auf den Kontinent, deren unmittelbare Erlebnisse die Isoliertheit zwischen Europa und dem Inselreich abgeschwächt haben. Dies gilt in ähnlichem Maß auch von Amerika, das erst vor achtzig Jahren in unmittelbaren Kontakt mit Europa kam, als es in das Schicksal der Alten Welt eingriff. Die Kriegsjahre bedeuteten für England wie für alle Länder eine Zäsur im geistigen Leben, die eben nur dadurch fruchtbar geworden war, daß sie später den Kontakt zwischen den Völkern neu und enger gestalten konnte.

Die anglo-amerikanische Literatur ist uns heute verständlicher, während sie uns früher nahezu verschlossen war. Desgleichen das Theater, wie die Kunst überhaupt. Die starke Wirkung der englischen und amerikanischen Literatur auf Europa hat erst vor anderthalb Jahrzehnten eingesetzt. Dichter wie Theodore Dreiser, Sinclair Lewis, John Galsworthy, Joseph Conrad, D. H. Lawrence, H. G. Wells, Aldous Huxley, Virginia Woolf, G. B. Shaw und viele andere zählen heute in den kontinentalen Ländern zu den meistgelesenen Schriftstellern und genießen eine so breite Popularität, wie sie seit Dickens kein englischsprechender Schriftsteller mehr gehabt hat. Auch auf dem Theater ist die englische Wirkung stark vorgedrungen, vor allem von Bernard Shaw und Somerset Maugham geführt. Nunmehr haben auch englische Filme Welterfolg errungen. ›Das Privatleben Heinrichs VIII.‹ etwa, in dem sich Charles Laughton zu einem der populärsten Schauspieler der Welt emporarbeitete. Laughton, der übrigens in der Verfilmung meines Buches über ›Marie Antoinette‹ mit Norma Shearer die führende Rolle spielen wird, könnte heute selbst in den europäischen Hauptstädten Gastspiele bei vollen Häusern veranstalten, ein Wagnis, das sich vor ihm kein anderer englischer Schauspieler leisten konnte.

Ich weiß nun nicht, ob die Engländer selbst wahrnehmen, wie sich diese Wirkung durchgesetzt hat, daß die englisch-amerikanische Literatur eine durchaus dominierende Stellung in der Welt einnimmt, während etwa die Musik und die Malerei Englands selten den Kanal überschritten haben. Der Kontakt des Inselreiches und der Neuen Welt mit Europa ist viel inniger, weil er wechselseitig geworden ist. Der Rhythmus des englischen Lebens etwa hat sich verändert, ist intensiver geworden. Das allgemein geistige Leben ist vorgerückt, der musikalische Horizont hat sich erweitert, der Geschmack ist besser, der künstlerische Einfluß auf den Alltag bedeutender geworden, als er zu einer Zeit war, da die

117

meistgelesenen Bücher nicht unbedingt die besten waren. Das alles sind Teilzeichen einer allgemeinen Prosperität, die wir beglückt empfinden. Hier hat man in manchen Augenblicken das Gefühl, daß die Welt doch in Ordnung kommen könnte.

Von meiner bevorstehenden Amerikareise erwarte ich mir ähnliche Eindrücke. Soweit sich die Entwicklung der Lage in den Vereinigten Staaten aus den äußerlichen Ereignissen und den in der Kunst und Literatur zum Ausdruck kommenden Erscheinungen verfolgen läßt, scheint wieder eine gewaltige Vorwärtsbewegung vorzuherrschen. Ich freue mich auf die Fahrt nach New York und auf die folgende Reise durch den amerikanischen Kontinent. Ich wurde von verschiedenen Universitäten zu Vorlesungen über literarische Themen eingeladen und werde nach Hollywood fahren, um dort der Produktion des Films der ›Marie Antoinette‹ beizuwohnen.

Ich habe keineswegs das Gefühl, eine Fahrt in eine andere Welt anzutreten, wie ich es anläßlich meiner viele Jahre zurückliegenden ersten Amerikareise empfand. Die Kluft des Ozeans ist heute längst überwunden. Europa und Amerika sind einander nicht mehr so fern und fremd wie in früheren Zeiten. So grundverschieden alles auch sein mag, die Menschen hüben und drüben verstehen einander...«

Zweig freut sich auf diese Reise als eine wohlverdiente Ferienfahrt. Er hat in den letzten Monaten intensiv gearbeitet und einen neuen Roman fertiggestellt, der Maria Stuart und ihre Epoche zum Mittelpunkt hat. Eine kurze Fahrt durch Schottland beschloß die langwierige Quellenforschung im Britischen Museum und bot dem Autor das Lokalkolorit, das den Rahmen der Handlung glaubwürdig und naturecht machen wird. Dieses und ein Werk über Erasmus von Rotterdam gerade abgeschlossen, trägt er sich schon wieder mit zahlreichen Plänen für die künftige Arbeit. Er kennt keine Ruhepause. So überlegen ruhig seine Gebärden sein mögen, so ruhelos vibrierend ist sein Geist. Ein Mensch, der sich nie langweilt! Bedarf es eines besseren Zeichens, um seine nimmermüde Regsamkeit zu charakterisieren?!

(1934)

HANNS EISLER

Brecht und Stefan Zweig

Ich wohnte in London in Abbey Road, und Brecht wohnte gegenüber der Straße. Wir hatten damals gerade, glaube ich, die Klavierauszüge bekommen von den ›Spitzköpfen‹. Ich hatte das alles fertig.
Und einmal brachte mir jemand den Stefan Zweig ins Haus, diesen bekannten Industriellen, Literaturindustriellen.
Ich weiß, das ist ketzerisch, was ich sage, er gilt als Humanist – aber auch die Börse hat eine gewisse Art von Humanismus, und mehr als Börsenhumanismus oder Börsenpazifismus kann ich ihm nicht zubilligen. Ein unangenehmer Mann.
Dieser sehr elegante Herr hatte ein tolles Apartment am Portsmouth Place [recte: Portland Place].
Er kam also, und ich lud natürlich sofort auch Brecht ein.
Da saßen da so der Stefan Zweig, irgendein Schriftsteller, der ihn brachte, und der Brecht in meinem Zimmer.
Brecht hat nie eine Zeile von Zweig gelesen, aber er dachte, das ist ein wohlhabender Herr, und da wäre vielleicht Theaterfinanzierung möglich...
Zweig kannte den Namen von Brecht aus der Weimarer Republik, denn Brecht war ja sehr berühmt.
Also ein gewisses, freundliches Interesse, obwohl – also das sind Welten...
Brecht sagte: »Ach wissen Sie was, Zweig, der Eisler soll Ihnen mal vorspielen. Wir haben da gerade ein Stück fertig.«
»Was soll ich denn spielen?«
Da sagte der Brecht: »Spiel Herrn Zweig vor ›Lied von der belebenden Wirkung des Geldes‹.«
Ich hab das vorgespielt.
Ich wußte nur, das geht schief aus.
Dem Mann, der durch seinen Reichtum berüchtigt ist – Familienreichtum –, der den Inselverlag finanziert hat, der seine ganze Laufbahn finanziert hat, dieses Lied! [...]

119

Der Zweig hat das mit steinernem Gesicht angehört.

Da hatte er seinen Insult. Er hat aber nichts gesagt. Ein sehr höflicher Salonherr.

Und dann spielte ich ihm noch das »Wasserrad« vor.

[...] Und das hat ihm dann genügt.

Er meinte, es wäre sehr interessant, »schlechthin interessant«.

Mehr kam nicht heraus.

Dann war noch mit ein Newspapermann. Er ist jetzt Chefredakteur des ›Manchester Guardian‹ und war damals ziemlich links.

Der kam gerade aus dem Saargebiet und hat uns berichtet über die Abstimmung.

Und um auch ihm eine Freude zu machen, biete ich die Vertonung eines kleinen Liedchens von Brecht über die Saar.

Ein wunderschöner Text, zu dem ich eine einfache Melodie komponiert hatte. [...]

Der Newspapermann war ganz außer sich und entzückt, daß das überhaupt möglich ist, sowas Schönes.

Und Brecht sagte zu Zweig: »Wissen Sie, das ist so eine Kleinigkeit, das haben wir so gemacht, um ein bißchen der Sache zu helfen.«

Da sagte der Zweig: »Sagen Sie nicht Kleinigkeit, Herr Brecht, das ist vielleicht Ihr Bestes.«

So gehts unter Schriftstellern zu.

Ein Dolchstoß nach dem andern.

Brecht gibt ihm ›Die belebende Wirkung des Geldes‹ – und dann ist ein kleines Wahlliedchen das beste, was Brecht gemacht hat.

So waren die Herren quitt und gingen dann lunchen zusammen.

Über die Schäbigkeit dieses Lunches – ich ging nicht mit, die Herren wollten unter sich sein, die beiden Schriftsteller – ist nur zu sagen: Als ich Brecht frug, »was hat der Mensch gezahlt beim Lunch?«, da sagte er: »two and six«, zwei Shilling sechs.

Er hat also den Brecht in eines der entsetzlichen Mittelklasserestaurants in London geführt, ausgeführt – ein Herr, der sonst nur im Hotel Savoy zu speisen pflegt – und hat ein jammervolles Essen bezahlt.

Das war das erste und letzte Zusammentreffen Brechts mit Zweig. Ich wiederhole: mit Stefan Zweig.

Mit Arnold Zweig war Brecht echt befreundet.

(1970)

120

Stefan Zweigs ›Maria Stuart‹

Wie künstlerisch schon äußerlich dieses Buch, von dem uns nun allenthalben das duldende Knabengesicht Franz II. von Frankreich entgegensieht und, abgewendet, das rätselhafte Halbprofil seiner jungen Gattin. Träumerei, aber auch Erwartung eines großen Schicksals spricht es aus. Wie reizvoll die äußere Erscheinung dieses Buches, das Hervortreten schöner Porträts fast immer gerade an der Stelle, wo sie durch den Text aufgerufen werden, Farbenverteilung und Wappen, bis in die geringste Verzierung Ergebnis der Erfahrung eines geschmackvollen und sachkundigen Bibliophilen. In diesem schönen Band also wird eine Gestalt neu aufgerufen, entfesselt und für einige Zeit beschlossen, die ihren Zeitgenossen vor dreieinhalb Jahrhunderten Staunen, Bewunderung oder Grauen war; ihren Nachfahren aber grenzenloser Haß oder grenzenlose Verehrung – stets aber Heldin und stets Problem.

Schon die Gliederung des Stoffes zeigt den Künstler, den Bildner, der ihn klar und übersichtlich gruppiert, wie ein Architekt an den Bauformen der Vergangenheit. Eine Übersichtstafel leitet ein, die sowohl die Schauplätze als die Personen der Handlung klar vor uns führt, wie es auf dem Theater üblich ist. In dreiundzwanzig kurzen Kapiteln und einem Nachspiel entwickelt sich darauf die große, die atemberaubende Tragödie. Schon ihre Titel – Tragödie einer Leidenschaft, Die Jahre im Schatten, oder gar: Die Schicksalsnacht von Holyrood, Die letzte Runde – zeigen an, daß wir es keinesfalls mit kühler Geschichte, sondern mit dramatischen Bildern zu tun haben. Wir erleben die ersten schönen, unerschlossenen Jahre in Frankreich und den ersten Trauerfall, den Hingang des Königs, der die junge Witwe Maria Stuart in einem Halbdunkel der Trauer zurückläßt, erleben die Rückkehr nach Schottland und das freundliche Abbild des französischen Hofes dortselbst mit Sonetten und Madrigalen. Langsam steigen die Männer auf, denen dieses Schicksal tödlich werden sollte, der Sänger Rizzio, der willenlose Darnley, der Abenteurer Bothwell. An ihnen entfaltet sich Maria Stuart zu einem gewaltigen Phänomen der Leidenschaft, wie die

Jahrhunderte keines gesehen. Es folgt die Schuld, die Teilnahme an der Ermordung des Gatten und die Hochzeit mit dem Mörder und von da ab der Schatten der Nemesis, Ruhelosigkeit, Flucht, Gefangenschaft und Verderben. Gewaltig erhebt sich das eiskalte Haupt der großen Gegenspielerin Elisabeth von England. »Ein Netz wird gewoben, das Netz zieht sich zusammen«, und nach Jahren des Leidens stirbt Maria Stuart groß und königlich, so herrlich und beispielgebend – wie sie niemals gelebt hat.

Schon diese wenigen Bemerkungen zeigen an, daß wir es ganz und gar mit einer psychologischen Tragödie zu tun haben, nicht mit einem belehrenden historischen Buch oder gar mit einem Roman. Möglichst klar und eindeutig sollen die Figuren vor uns treten; stets ist Franz von Frankreich der »fahle Knabe« und Darnley stets der »schmächtige, hochaufgeschossene Junge«. Vor allen aber diese glutvolle, unbeherrschte Heldin, diese königliche Sinnlichkeit, die zwischen höchster Ekstase und dumpfer Verzweiflung schwankt und gern den Tod auf sich nimmt, wo sie leidenschaftlich gelebt hat! Aber selbstverständlich erzwang ein so ganz und gar auf die Seele gerichtetes Programm auf der Seite der Geschichte Opfer. Daß Maria Stuart auch eine politische Figur, daß sie ein Mittelpunkt im dichten Netz der Politik der Zeit gewesen ist, davon erfahren wir nur wenig, weil es nicht in der Absicht der psychologischen Tragödie liegt. Es ist überaus charakteristisch, daß der Krieg zwischen England und Spanien und der Untergang der Armada, womit die Tragödie der Maria Stuart ein Jahr nach ihrem Tode Welttragödie wurde, in dem Buche nicht mehr vorkommt.

Es ist unendlich interessant, im einzelnen die Mittel zu verfolgen, die der Dichter angewendet hat, um seine Gestalt so sehr zu erhöhen, daß sie auf diese Weise ganz aus dem Gefüge ihrer Zeit tritt und ihre Seele Weltbedeutung gewinnt. Die Ermordung des Sekretärs und Sängers Rizzio dürfte sich als »nackte Geschichte« wie folgt vollzogen haben: Maria Stuart beim Nachtmahl, mit den Ihren und dem Sekretär. Etwas später kommt Darnley, der Gatte, und begrüßt die Königin mit einem heuchlerischen Kuß. Da erscheint Ruthven, einer der Verschwörer, ganz in Waffen. Erschreckte Anrufe, kleinlaut behauptet der König, nichts zu wissen. Schon sind die Verschwörer da, deren einer sogar auf Maria Stuart anlegt, aber vom König gehindert wird, Tumult, der Tisch sinkt auf die Seite Marias um, die von Darnley gehalten wird, Rizzio wird schreiend ins Nebengemach geschleift und erleidet über fünfzig tödliche Dolchstöße, die gepeinigte hochschwangere Frau einen völligen Zusammenbruch. Alles dies stellt auch Stefan Zweig genau so dar – nur daß Maria Stuart noch einen Augenblick erhabener Stärke erlebt: »Die Hände kann ihr Darnley zupressen, aber nicht die Lippen; aufschäumend in unsinniger Wut, speit sie dem Feigling ihre tödliche Verachtung entgegen. Sie nennt ihn Verräter und Sohn eines Verräters ...« – gewiß, denn nur so kann von diesem Augenblick an, und mit Umgehung der außerseelischen, der zeitgebundenen, der politischen Motive Darnleys Tod durch Maria motiviert werden! – Ein ganz kleiner Zug: Als Maria und Darnley nach der Ermordung Rizzios flüchteten, mußten sie an seinem frischen Grabe vorbei. Das ist die Tatsache, denn einen anderen Weg als über den Kirchhof konnten sie nicht nehmen. Sofort bemerkt ein älterer Biograph der Königin, Darnley sei über den Grabhügel geritten (ein Unsinn, die Pferde warteten natürlich erst jenseits der Mauer). Philippson, einer der genauesten Geschichtsschreiber Maria Stuarts, schweigt 1892 über die Szene. Grant R. Francis, einer der jüngsten, muß einräumen, daß die Fliehenden den Grabhügel bemerkt haben könnten, weiter aber sei alles Lüge. Zweig: »Plötzlich stockt Darnley und stolpert beinahe, die Königin tritt zu ihm hin und mit Schauer erkennen sie, es ist ein frisch aufgeworfener Hügel, das Grab David Rizzios.« Wir werden nie, nie wissen, ob sich die Szene wirklich so abgespielt hat – aber für immer nehmen wir dies acherontische Frösteln mit. Gebot des Dichters auf einem schicksalsschweren Wege.

Ein größeres, ein entscheidendes Beispiel. Das Verhältnis Marias zu Darnley ist völlig erkaltet, das zu dem Abenteurer Bothwell liegt noch im Ungewissen der Geschichte. Bothwell wird verwundet, die Königin absolviert einen großen Ritt, um ihn zu besuchen. Nach diesem Ritt erkrankt sie. Die Biographen äußern sich wie folgt: Maria arbeitet noch zwei Stunden in der Nacht an Geschäftsbriefen, sie hat am folgenden Tage heftige Kopfschmerzen. (H. Gerdes, 1885, der noch bestrebt ist, Maria Stuarts Schuld am Morde des Gatten gering erscheinen zu lassen.) Maria ist schon an sich angegriffen durch die Zwietracht mit dem Gatten, Bothwells Wunde gibt ihr den Rest. Sie erkrankt am nächsten Morgen (Philippson). Desgleichen bei Grant, der noch bemerkt, daß alle Blutegel in dem kleinen Ort zusammengekauft worden seien.

Wie anders bei Stefan Zweig! Es wäre undenkbar, Maria noch Briefe schreiben zu lassen oder ihren Leiden mit kleinlichen Mitteln begegnen zu wollen, auch die Erkrankung erst am nächsten Tage (wenngleich dies historisch zu sein scheint) wäre viel zu spät! Sogleich, wie sie nur vom Pferde gestiegen ist, »sackt ihr von nach innen brennender Leidenschaft unterhöhlter Körper zusammen«. So und nur so muß es der Seelenkenner sehen, denn er fühlt die furchtbare Spannung mit, die die Frau, die sich mit keiner Silbe verraten darf, an das Lager des kranken Geliebten getrieben hat, der sie mit aller Macht des Blutes und Willens an sich fesselt, mit dem sie aber kaum eine Stunde allein sein darf, weil sie zur äußersten Rücksicht auf den ungeliebten, willensschwachen Gatten gezwungen wird. Man erkennt das Übergewicht, das die psychologische gegenüber jeder auch nur denkbaren geschichtlichen Motivierung nimmt – nicht die katholische Maria inmitten einer protestantischen Welt, nicht die Renaissancefürstin, die an einem Morde keinen Anstoß nimmt, wo es ein politisches Ziel zu erreichen gilt, nicht Maria Stuart – sondern eine dämonisch schöne, dämonisch sinnliche Frau geht hier ihren starken, von jäher Schroffe abstürzenden Weg.

Also Geschichte des Herzens, nicht Geschichte irgendeines, und sei es des besten Akten- und Bücherwissens. Darum auch das entscheidende Vordringen bis zu den letzten und geheimsten Möglichkeiten. Königin Elisabeths kaltes, geheimnisvoll schillerndes Wesen wird erstmalig kühn aus einer physiologischen Anomalie erklärt. Moray, Bruder und Mitregent der Maria, wird ein schauerlicher Leisetreter, der immer verschwindet, wenn etwas Furchtbares sich ereignen soll. Dies geht bis zu John Knox herab, hier ein etwas einfältiger Fanatiker, der mit wakkelndem Barte von der Kanzel herabdonnert. Aber welche Szenen! Die Umklammerung Marias von der Sinnlichkeit Bothwells, bis zur Hörigkeit, der Vordrang ihrer Leidenschaft in den Sonetten, der geheimnisvolle Brief am Krankenlager des Gatten, endlich, alles überragend, Hoheit und Grauen der Enthauptung! Mit diesen Augenblicken und ihrer Seelenkunst und Seelenkraft reiht sich ›Maria Stuart‹ den stärksten Novellen Stefan Zweigs an. Und das ist das Rühmendste, das sich von der historischen Dichtung sagen läßt, denn ihre Gestalten treten auf – nicht als lebten sie oder hätten sie gelebt, sondern als lebten und wirkten sie in uns selbst. Auf diese Weise einen sich, auf der Höhe des Schaffens ihres Bildners, Dichtung und Geschichte.

(1935)

Das Augenspiel

»Wenn es einmal da ist«, sagte Broch, »wird es seinen Weg gehen. Es ist zu intensiv und vielleicht auch zu unheimlich, um vergessen zu werden. Ob Sie den Lesern mit diesem Buch [›Die Blendung‹] etwas Gutes tun, wage ich nicht zu entscheiden. Aber Ihr Freund [Jean Hoepffner] tut zweifellos etwas Gutes damit. Er handelt seinem Vorurteil zuwider. Er würde den Roman nie verstehen. Aber er wird ihn gar nicht lesen. Er tut es auch nicht, um bei einer Nachwelt Ehre damit einzulegen. Er hat gespürt, daß Sie ein Dichter sind, und will sozusagen der Dichtung insgesamt etwas Gutes damit tun, weil er ihr in Stifter soviel verdankt. Am besten gefällt mir an ihm, daß er in Verkleidung lebt. Der Direktor einer Druckerei und Zeitung! Weiter könnte die Verkleidung gar nicht gehen. Sie werden nun leicht einen Verlag finden.«

Er behielt recht und tat sogar selbst etwas dazu, wenn auch nicht in eigentlicher Absicht. Er sah einige Tage später Stefan Zweig, der aus zwei Gründen in Wien war. Er unterzog sich einer umfassenden Zahnbehandlung und er gründete einen neuen Verlag für seine Bücher, da der Insel-Verlag in Deutschland ihn nicht weiter verlegen konnte. Ich glaube, daß ihm so ziemlich alle Zähne gezogen wurden. Ein Freund von ihm, Herbert Reichner, gab eine Zeitschrift ›Philobiblon‹ heraus, die recht gut war. Zweig beschloß, ihm seine Bücher anzuvertrauen und als Aufputz dazu noch einige andere Bücher zu suchen, deren man sich nicht schämen müsse.

Ich traf ihn durch Zufall bald nach meiner Rückkehr im Café Imperial. Er saß in einem der hinteren Räume allein an einem Tisch und hielt die Hand vor den Mund, um das Fehlen seiner Zähne zu verbergen. Obschon er in dieser Verfassung nicht gern gesehen werden wollte, winkte er mich an seinen Tisch und nötigte mich Platz zu nehmen. »Ich habe von Broch alles gehört«, sagte er. »Sie haben Joyce kennengelernt. Wenn Sie jemanden haben, der Ihren Roman garantiert, kann ich meinem Freund Reichner empfehlen, ihn herauszubringen. Sie sollen sich aber von Joyce ein Vorwort dazu schreiben lassen. Dann wird das Buch Beachtung finden.«

Ich sagte sofort, daß das ganz ausgeschlossen sei. Ich könnte Joyce nie um so etwas bitten. Er kenne das Manuskript gar nicht. Er sei beinahe blind. Wie dürfe man ihm zumuten, so etwas zu lesen. Aber auch wenn er es so leicht lesen könnte wie jeder andere, ich würde ihn nie um so etwas bitten. Ich würde überhaupt niemanden um ein Vorwort bitten. Das Buch müsse für sich gelesen werden, es habe keine Krücken nötig.

Es klang so schroff, daß ich selbst ein wenig erschrak. »Ich wollte Ihnen nur helfen«, sagte Zweig und hielt die Hand rasch wieder vor den Mund. »Aber wenn Sie nicht wollen…« Das Gespräch war zu Ende, ich ging meiner Wege und bedauerte nicht im geringsten, daß ich diesen Vorschlag so entschieden zurückgewiesen hatte. Ich hatte meinen Stolz bewahrt. Aber ich hatte auch nichts verloren. Selbst wenn es möglich gewesen wäre – ich hielt es für ganz ausgeschlossen –, die Vorstellung des Buches mit einer Einleitung von Joyce, wie immer sie ausgefallen wäre, war mir ganz unerträglich. Ich verachtete Zweig für seinen Vorschlag. Vielleicht war es aber ein Glück, daß ich ihn nicht genug verachtete, denn als ich bald danach einen Brief vom Verlag Herbert Reichner bekam, in dem wohl von der Garantie, aber überhaupt nicht von einem Vorwort die Rede war, in dem ich auch dringlich um die Einsendung des Manuskripts gebeten wurde, beriet ich mich mit Broch, der mir zuredete, und schickte das Manuskript ein.

(1985)

Persönliches und politisches Tagebuch

Wien, 17. März 1935

[...] Um drei bin ich bei Stefan Zweig im Hotel Regina. Bewegtes Wiedersehen, das erste seit 33! Was ist seitdem alles geschehen! Wir schließen uns einen Augenblick, was wir noch nie getan, fest in die Arme, und ich glaube, der Freund fühlt, was ich ihm für mein Volk und meine Nation mit dieser Umarmung abbitten will.

Zweieinhalb wundervolle stille Stunden in dem kleinen bescheidenen Hotel, das Stefan Zweig neuerdings – wohl um der Begegnung mit deutschen »Bonzen« zu entgehen – in seiner Vaterstadt Wien gewählt hat. Wir sind beide noch ganz die alten, das ist die beglückendste Feststellung. Er hat nie an mir gezweifelt, nie geglaubt, daß ich auch nur eine Stunde dem großen Betrug erliegen würde, wie so viele, wie fast alle. Jetzt aber scheint er doch überrascht von der Leidenschaft meiner und meiner Freunde Opposition. Seine gütigen stillen Augen leuchten auf vor Freude. In seiner Überbescheidenheit und ewigen Angst, mich etwa zu belasten, hat er seit zwei Jahren eine Begegnung mit mir zu vermeiden gesucht.

Er wird das Reich zunächst nicht wieder betreten. Wozu auch? Zwar würde ihm niemand ein Haar krümmen – soweit sind wir denn doch noch nicht! –, aber ihm steht ja die ganze Welt offen, wozu soll er sich in Deutschland kränken lassen oder auch nur zusehen, wie Menschen seiner Rasse gekränkt und gequält werden? Freilich bin ich auch traurig über manches, was ich höre. Nicht nur die große Krise der Welt, auch eine private Krise erschüttert die Grundfesten im Leben des Freundes. Er will Salzburg, sein zauberhaftes Haus am Kapuzinerberg, sein Museum schöner Dinge, sein ganzes altes Leben aufgeben. »Ich kann nicht immer gegen eine Wand starren«, sagt er. Die Wand ist – Deutschland, die deutschen Berge jenseits der Salzach. Und auch seine Ehe mit meiner verehrten lieben Freundin Friderike Maria scheint im Feuerbrand dieser Jahre zu zerschmelzen. Doch da enden Rat und Hilfe, die ein Freund dem Freund geben kann, und nur die Tatsache, ihn glücklich und schaffensfroh zu wissen, kann ausschlaggebend sein.

127

HERMANN BROCH

An Stefan Zweig

Mösern
P. Seefeld / Tirol
Haus Klotz   7. Juni 36

Verehrter und lieber Freund,
nicht daß Sie Ihre Reihe schöner und großartiger Bücher wieder um
eines vermehrt haben, ist erstaunlich und bewunderungswürdig, ja,
dies auszusprechen würde ich gar nicht wagen, denn es gibt ein Stadium
der Selbstverständlichkeit, das nur mehr als Ganzes, doch nicht mehr
im Einzelwerk begrüßt und bewundert werden darf, sondern die wahrhaft meisterliche Sicherheit und Ruhe, mit der Sie erkannt haben, was
heute nottut, und daß Sie Ihr Werk mit solcher Geradlinigkeit in den
Dienst des Edukatorischen gestellt haben: was wir heute wohl alle fühlen und wir anderen bloß bejammern können, das Unzureichende des
rein Künstlerischen und Geistigen, das haben Sie mit einem Schlage
überwunden, indem Sie ihm die starke moralische und soziale Richtung
gegeben haben, und darum muß Ihnen dieser »Calvin« so besonders
gedankt werden; in der Kategorie des Künstlerischen verbleibend, ist
das Buch trotzdem über sie hinaus gewachsen und hat die Kategorie, sie
sprengend, ins Lebensfähige zurückgehoben. Dies ist durchaus beglük-
kend, und beglückend ist es auch, wie durch solch reine Zielsetzung
gleichfalls eine absolut durchsichtige, rein einfache Form im Aufbau
und im Stil bewirkt wird. Und so entspringt mein Dank an Sie ebenso-
wohl diesen objektiven Tatbeständen, als auch der subjektiven Freude
des Aufnehmens und Lesens und nicht zuletzt dem Besitz des Buches,
jedoch über all das hinaus dem Optimismus, den es – als wahrhaft edu-
katorisches Werk – vermittelt: sonderbar genug ist es ja, daß wir, die
wir an dem künftigen Wellenberg kaum mehr teilhaben werden, nur
dann das bißchen Lebensmut, das wir zum Leben brauchen, aufbrin-
gen, wenn wir über eine Entwicklung beruhigt werden, die uns eigentlich gar nichts mehr angeht; daß der Jud für das Gehabte nichts gibt, ist
verständlich, daß er aber für das, was er niemals haben wird, etwas gibt
und daß ihm das sogar das Wichtigste ist, ist höchst seltsam und wirk-

lich ein Charakteristikum dieses seltsamen Volkes. Allein, es ist wohl das Charakteristikum des Humanen schlechthin.

Allerdings: Ihr Optimismus, der auch der meine ist, wird sich nur dann erfüllen, wenn die Welt sich wieder einmal »platonisch« organisiert haben wird. Denn all unsere Humanität, auch wenn sie sich freigeisterisch gebärdet, entsprang der platonischen Organisation der Kirche, dieser wundervollen, über ihr eigenes Ende hinauswirkenden Macht, mehr im Sterben bewirkend als während ihrer Herrschaft. Wird ihre Organisation nicht durch eine gleichwertige ersetzt, oder vermag sie nicht selber dies zu leisten – was freilich kaum anzunehmen ist –, dann ist ein Calvin kein Exempel für das Überwindbare und Vorübergehende, sondern ein Vorversuch für das Endgültige, also für den Kulturtod. Phantastisch übrigens die Hitlerähnlichkeit in Blick und Nase und Kopfform, während Castellio wie eine Photographie meines Freundes Schrecker wirkt, den Sie, kommen Sie nach Paris, eigentlich kennenlernen sollten; er war früher Sekretär der Preußischen Akademie der Wissenschaften und ist jetzt Professor an der Sorbonne und Herausgeber der neuen Malebranche-Ausgabe der Académie. Und um die Parallele noch ein Stückchen weiter zu treiben: bedenken Sie, daß es damals noch um geistige Prinzipien ging, denn schließlich war Calvin ebenfalls Gelehrter und wurzelte im Geistigen, mag er sich auch davon entfernt haben, während heute die Trennungslinie viel eindeutiger und schreckenserregender verläuft. Doch dies läßt sich erst in hundert Jahren beurteilen, und von rechtswegen müßten wir mindestens so alt werden; wir sehen von diesem Kino bloß das Vorprogramm.

Im Grunde hatte ich damit gerechnet, Ihnen heute keine Briefe mehr zu schreiben, sondern Ihnen die Hand drücken zu dürfen. Ich sollte schon längst in England sein. Indes, noch immer sitze ich hier an diesem Buche, verhaftet der lebensunfähigen Kategorie des Ästhetischen und Artistischen – die zu durchbrechen eben nur Ihnen gegeben ist –, und wenn meine Tätigkeit überhaupt noch einen Schimmer von Sinn hat, so höchstens dort, wo sie sich bemüht, die Spuren der neuen Religiosität und ihre Fundierung im »irreligiösen« Menschen zu finden; beides aber nimmt grausam viel Zeit und Kraft in Anspruch. Dabei bin ich draufgekommen, daß das Einsamkeitszuchthaus, in das ich mich da begeben habe, nicht einmal die erhoffte optimale Arbeitsbedingung darstellt; gewiß war es eine Notwendigkeit für mich gewesen, aber jetzt habe ich schon reichlich genug davon, will jedoch nicht knapp vor Fer-

tigstellung unterbrechen. Was haben Sie für Pläne? kommen Sie nach
Österreich? dann lassen Sie es mich bitte wissen! Und wie steht es mit
dem Zeitschriftenprojekt?
Für heute also nochmals Dank und sehr viel Herzliches Ihres

in Aufrichtigkeit ergebenen
H. Broch

An Stefan Zweig

Brissago 22. 6. 39

Lieber Zweig,

jammern Sie nicht so wild! Es geht Ihnen zu gut, seit Ihnen keinerlei Kraus mehr von Zeit zu Zeit die Haut abzieht! Bedenken Sie, wie schlecht es dem armen Jirmijahu ging trotz seiner herrlichen Schöpfungen, und Sie, der Verfasser des »Jeremias« (eines der schlechtesten Dramen aller Zeiten – wie ich Ihnen schon bei der Uraufführung sagte) sind nicht nur auf freiem Fuß, sondern konnten auch mit den Einnahmen der Jeremiade helfen! Wenn Sie nun kein Geld mehr haben, tun Sie es anders! Legen Sie dem Forum-Verlag nahe, er möge meine chin. Anthologie bringen! Schreiben Sie einflußreichen Franzosen, sie mögen mir ein Visum nach Frankreich verschaffen! Erinnern Sie Stefan Zweig daran, daß ich zwar ohne ihn nie ins Kriegsarchiv gekommen wäre, er aber ohne mich kaum damals nach der Schweiz! Von Ihnen existieren immerhin deutsch ein Roman und ein Drama, und wenn es auch traurig ist, daß Ihre Hauptwerke fehlen, weil Sie den Reichner nicht in der Schweiz gründeten – bedenken Sie, daß Sie ein Welthaus sind und Ihre Bücher dafür in allen andern Sprachen reussieren! Von mir ist überhaupt *nichts* vorhanden, seit Hitler *nichts* gedruckt worden! Also überlegen Sie mit dem alten Stefan Zweig, wie Sie mir nach Frankreich helfen könnten und meinem chinesischen Weichselzopf ans Licht! Wir haben doch nicht mehr viel Zeit u. ich wartete länger als gut ist. Der arme Schmidtbonn, mit dem ich in Zürich bei der Generalprobe Ihres Prophetenstücks war, kam vor kurzem mit Paralyse ins Irrenhaus. – Vielleicht haben Sie irgendwo? – in S. U., in Ungarn? nicht transferierbares Geld stecken, mit dem man mein 20 Bogen China drucken lassen könnte? Wie soll mich das Weiterarbeiten an einem unabsehbar schwierigen Roman freuen, wenn Fertiges vermodert! Alles Gute

Ihr Albert Ehrenstein

THOMAS MANN

Aus den Tagebüchern

Princeton, Sonntag den 28. V. 39
Abendessen mit den drei Kindern. Über die Schriftsteller Zweig, Ludwig, Feuchtwanger u. Remarque. Welchem die Palme der Minderwertigkeit zu reichen.

Ein Deutscher auf Widerruf

Die Schweizerische Fremdenpolizei zu Bern – das wurde lange nachher, als der Krieg zu Ende war, von der Eidgenossenschaft ausgiebig in Polemiken, Denkschriften und Romanen erörtert – brachte den Emigranten nicht übermäßig viel Liebe entgegen. Die Emigranten wurden als Belastung der offiziellen schweizerisch-deutschen Beziehungen empfunden. In den Amtsstuben zu Bern hatte es Aufatmen gegeben, als Thomas Mann kurz vor Kriegsausbruch das Haus in Küsnacht am Zürichsee verließ, um amerikanischer Professor zu werden. Zu Romain Rolland in Villeneuve am Genfersee war man unfreundlicher: das lief auf eine Ausweisung hinaus. Auch Robert Musil wurde ohne Unterlaß aufgefordert, nun endlich an die Weiterreise zu denken und das Transitland Schweiz zu verlassen. Nach Empfang eines dieser Schreiben war er jedesmal sehr bedrückt.

Kompromisse freilich gab es nicht in solcher Misere. Ich erinnere einen Besuch bei ihm, es muß noch im Jahre 1940 gewesen sein. Musil hatte abermals eines dieser Schreiben aus Bern erhalten. Emigration in die Vereinigten Staaten erwies sich als unmöglich. Martha Musils Familie war offenbar nicht imstande, die finanzielle Sicherung zu leisten, die zur Erteilung der Visen an das Ehepaar Musil notwendig war. Es wurden Visumsfragen an jenem Teenachmittag erörtert. Ich meinte, er solle sich um ein Visum nach Südamerika bemühen. Freunde von mir hatten damals ohne größere Schwierigkeiten die Erlaubnis zur Einreise nach Kolumbien erhalten. Musil sei Christ, so machte ich geltend, sogenannter Arier, sogar von Adel: da könne es nicht fehlen. Er sah mich mißbilligend an und sagte bloß: »In Südamerika ist Stefan Zweig.«

Dies war beileibe kein Bonmot. Der große Ironiker war nicht witzig im Gespräch. Er meinte es ernst. Stefan Zweig, Emil Ludwig, vor allem natürlich Thomas Mann, gehörten zur verhaßten Spezies der Großschriftsteller. Wenn jener Stefan Zweig sich irgendwo in Südamerika aufhielt, wurde dadurch ein Kontinent für Musil unbrauchbar.

(1982)

Der Auswurf der Demokratie

Man kann nicht gegen Em. Ludw[ig], Stef. Zweig u Feuchtw[anger] einzeln polemisieren, es wird Tagesgezänk, aber alle drei zusammen, diese Nutznießer der Emigration, die erst recht Weltlieblinge geworden sind, während sich gute Schriftsteller kaum vor dem Untergang bewahren können, alle drei zusammen sind sie ein ungeheures Symbol der Zeit.

(ca. 1938)

An Barbara Church

[11. IV. 40]

[...] Manchmal bin ich etwas ärgerlich, wenn ich sehe, wie leicht mittelmäßige u schlechte deutsche Autoren den Klimawechsel haben vollziehen können. Das deutsche Gott-strafe-England! hat sich verspätet, verallgemeinert, und diesmal gewiß ohne Grund, fürchterliche Werkzeuge in Emil Ludwig, Stefan Zweig und anderen geschaffen!

An Stefan Zweig

2, New College Court
Finchley Road, N. W. 3.
21-2-42

[...] Ich bin sicher, dass Sie nicht gut daran tun, in solcher Isolation zu leben. Sie sind viel zu jung dazu, viel zusehr auf den Umgang mit Menschen und Dingen eingestellt. Sie gehören wenn nicht in eine grosse Stadt so in die Nähe einer grossen Stadt, in der Ihre Freunde, Ihre Feinde, Ihre Verleger wohnen. Man darf, glaube ich, dem Leben nicht so weit davonzufahren versuchen. Man zahlt dafür zu teuer. Man verliert den »sense of proportion«. Gehen Sie zurück nach England oder U.S.A. – und Sie werden merken, wie sehr Sie dazugehören.
[...]
Wann sehen wir einander wieder? Wie Schwejk. sagt: um vier Uhr nachmittags nach dem Krieg?

THOMAS MANN

Aus den Tagebüchern

Pacif. Palisades, Montag, den 23. II. 42
Telephonisch ein Telegramm von Ch. Neider, daß Stefan Zweig sich in Brasilien zusammen mit seiner Frau das Leben genommen. Rätselhaftes Vorkommnis. –

THOMAS MANN

An Erika Mann

Pacific Palisades, 24. 2. 1942

[...] Ja, und der Zweig Stefan? Aus Gram kann er sich nicht getötet haben, auch nicht aus Not. Sein hinterlassener Brief ist ganz unzulänglich. Was heißt in seinem Fall reconstruction of life, die ihm zu schwer gefallen sei? Es muß wohl das liebe Geschlecht dahinterstecken, irgendein Skandal gedroht haben. Große Erschütterung kann man nicht empfinden, aber es ist doch wieder ein Untergang, der nach dem Triumph jener unwiderstehlichen Geschichtsmächte aussieht.

Gedenkworte für den ›Aufbau‹

Der Tod Stefan Zweigs reißt eine schmerzliche Lücke in die Reihen der europäischen literarischen Emigration. Sein Weltruhm war wohlverdient, und es ist tragisch, daß die seelische Widerstandskraft dieses hochbegabten Menschen unter dem schweren Druck dieser Zeit zusammengebrochen ist. Was ich am meisten an ihm bewunderte, war die Gabe, historische Epochen und Gestalten psychologisch und künstlerisch lebendig zu machen. Dies künstlerische Verstehen kam aus einer tiefen und sanften Humanität, einer Güte, die Vielen zu leben geholfen hat. Desto kummervoller ist es, daß sie selbst nicht robust genug war, die Finsternis zu überleben und den Tag zu sehen.

(1942)

Aus den Tagebüchern

Pacif. Palisades, Montag den 2. III. 42

Der ›Aufbau‹, Stimmen zum Tode Zweigs, den ich albern, schwächlich und schimpflich finde. »Unsere Welt geht dahin«. Ich erkenne nicht an, daß, was dahin geht, meine Welt war. Wer wird sich mit dem liberalen Humanismus identifizieren.

THOMAS MANN

An Friderike Zweig

Pacific Palisades, California
15. IX. 1942

Sehr verehrte Frau,

meine Tochter hat mir von dem Brief erzählt, den Sie vor einigen Tagen an sie richteten. Es ist mir schmerzlich, zu erfahren, daß Sie den Eindruck gewonnen haben, als hätte ich bei dem Tode Stefan Zweigs nicht die Haltung gezeigt, die dem schweren Verlust entspricht, welchen die gebildete Welt durch den Tod dieses hervorragenden Mannes erlitten hat. Ich verstehe, daß es meine Wortkargheit gewesen ist, die Ihnen diesen Eindruck erweckte, also die Tatsache, daß ich den öffentlichen Ausdruck meiner Erschütterung auf einen kurzen Beitrag zur Trauer-Ausgabe des »Aufbau« beschränkte. Soweit das nicht einfach ein Zeichen eigener Müdigkeit und Überlastung war, erklärt es sich aus der entmutigenden Wirkung, die von dem tragischen Entschluß des großen Schriftstellers unzertrennlich und wenigstens in meinem Fall der literarischen Aktivität zu Ehren des Abgeschiedenen nicht günstig war. Über ein Lebenswerk wie das Stefan Zweigs zu schreiben, ist keine Kleinigkeit, es ist eine Aufgabe, bei deren Erfüllung man sein Bestes geben muß. Ich war nicht in der seelischen Verfassung dazu.

Der Verewigte war ein Mann von unbedingter und radikaler pazifistischer Anlage und Überzeugung. In dem gegenwärtigen Kriege, den man herbeisehnen mußte, und der nur durch eine Schändlichkeit wie »München« aufgeschoben werden konnte, einem Kriege, der geführt wird gegen die infernalischsten, zum Frieden unfähigsten Mächte, die je versucht haben, das Menschenleben nach ihrem Bilde zu gestalten, – hat er nie etwas anderes gesehen, als eben einen Krieg, ein blutiges Unglück und eine Verneinung seines Wesens. Er hat Frankreich dafür gepriesen, daß es nicht kämpfen wollte und dadurch »Paris gerettet« hat. Er wollte in keinem kriegführenden Lande leben, verließ, als britischer Bürger, England und ging in die Vereinigten Staaten, ging von hier nach Brasilien, wo er aufs höchste geehrt wurde. Und als sich zeigte, daß auch dieses Land in den Krieg gezogen werden würde, ging er aus dem Leben.

Das hat eine Konsequenz, die sich jeder Kritik entzieht. Man kann nicht mehr tun, als seine Natur und Überzeugung mit dem Tode besiegeln. Der Tod ist ein Argument, das jede Widerrede niederschlägt; es gibt darauf nur ehrfürchtiges Verstummen. Ich sage: Verstummen. Nach vielen Worten war und ist mir dabei nicht zu Sinn.

Sie berichten (was ich nicht wußte), seine Gattin habe an einer unheilbaren Krankheit gelitten, und dies habe sehr zu dem Entschluß des gemeinsamen Todes beigetragen. Warum hat er es nicht gesagt, statt zu hinterlassen, das Motiv seiner Tat sei Verzweiflung an Zeit und Zukunft gewesen? War er sich keiner Verpflichtung bewußt gegen die Hunderttausende, unter denen sein Name groß war, und auf die seine Abdankung tief deprimierend wirken mußte? Gegen die vielen Schicksalsgenossen in aller Welt, denen das Brot des Exils ungleich härter ist, als es ihm, dem Gefeierten und materiell Sorgenlosen war? Betrachtete er sein Leben als reine Privatsache und sagte einfach: »Ich leide zu sehr. Sehet ihr zu. Ich gehe«? Durfte er dem Erzfeinde den Ruhm gönnen, daß wieder einmal Einer von uns vor seiner »gewaltigen Welterneuerung« die Segel gestrichen, Bankerott erklärt und sich umgebracht habe? Das war die vorauszusehende Auslegung dieser Tat und ihr Wert für den Feind. Er war Individualist genug, sich nicht darum zu kümmern.

Bitte, verstehen Sie, warum ich geschwiegen oder beinahe geschwiegen habe! In Herrn Wittkowski, der mich zu einem Beitrag für sein Sammelbuch aufforderte, habe ich nicht den berufenen Verwalter von Stefan Zweigs Nachlaß gesehen, sondern den zutunlichen und geschäftigen Literaten, den ich seit Jahren mit Unbehagen in ihm zu sehen gewohnt bin, und dem es gefiel, gestützt auf den Ruhm des Verblichenen, die Namen der Weltliteratur um sich zu versammeln.

Glauben Sie mir, sehr verehrte Frau, daß ich um den außerordentlichen Mann, dessen Namen Sie tragen, so aufrichtig trauere, wie irgend einer, dem es gegeben war, seinen Schmerz und seine Bewunderung in den Blättern laut werden zu lassen. Ich habe alle diese Lobeserhebungen mit wahrer Genugtuung gelesen und mich, in allem Kummer, gefreut an den demonstrativen staatlichen Ehren, die dem Toten von dem Lande seines letzten Asyls erwiesen wurden. Er ruhe in Frieden, indes sein Name und Werk unter uns lebe.

Ihr sehr ergebener   Thomas Mann

ALFRED POLGAR

Stefan Zweig zum Gedächtnis

Unter dem unmittelbaren Eindruck der erschütternden Nachricht von Stefan Zweigs freiwilligem Tod bin ich außerstande, a tempo rechte Worte der Würdigung für sein literarisches Werk zu finden, ein Werk, dessen Glanz und Schatten, Kunst und Kunstfertigkeit den gewaltigen Erfolg von Zweigs Büchern als vollauf begründet erscheinen lassen. Den Menschen Zweig charakterisieren in nicht zu übertreffender Klarheit die wenigen Zeilen seines Abschiedsbriefes, eines bezwingenden Dokuments menschlicher Anständigkeit und geistiger Würde. Wie kaum ein zweiter war Zweig mit glühender Passion verliebt in das Hand- und Geistwerk des Schriftstellers. Er übte es mit einem Maximum an Bemühung, mit höchst gesteigertem Anspruch an sich selbst. Schreiben war sein Leben. Daß dieses Leben seinen Sinn für ihn verlor, scheint darauf hinzudeuten, daß er die Arbeit des aus seiner Muttersprache vertriebenen deutschen Schriftstellers, des Schriftstellers, der nur in sprachlicher Verkleidung an die Öffentlichkeit treten konnte, als verzweifelt fragwürdig empfunden haben mag.

(1942)

143

Stefan Zweig zum Gedächtnis

Ein scheinbar hochbegünstigter Mann, ein Autor von ungewöhnlichen Gaben und allgemeinem Ruhm, exiliert in einem Land, das er lieben gelernt hatte, hat den Tod gewählt. Man verstummt vor der majestätischen Endgültigkeit einer solchen Tat, deren Beweggründe selten völlig erkennbar sind. Und man wendet seine Gedanken jenen Kameraden zu, die unter äußerlich schwereren Umständen stündlich gegen Verzweiflung ankämpfen. Laßt uns zusammenhalten, materiell und seelisch einander beistehen, damit keiner mehr fällt, ehe wir das Licht sehen.

Stefan Zweig war stolz darauf, in dieser heldischen Zeit kein Held zu sein, sondern im Elfenbeinturm zu leben. Als die letzte Platte des Elfenbeinturms zerbrach, konnte er es nicht ertragen. Bei alledem hatte er Verständnis dafür, daß der Kampf notwendig war. Er zweifelte nicht am guten Ausgang. Das beweisen die starken und tiefen Seiten, die er über Maxim Gorki geschrieben hat und die zum Schönsten gehören, was über das russische Volk gesagt worden ist.

(1942)

FRIEDRICH TORBERG

Zum Selbstmord von Stefan Zweig

Man soll das jetzt wahrscheinlich nicht sagen, und ich sag's ja auch nicht, – aber ich möchte später eines Tags beweisen können, daß und warum dieser Selbstmord in mir nicht die properen Emotionen hervorgerufen hat, sondern ein Gefühl des Ärgers und des Übelnehmens. Ich kannte Stefan Zweig persönlich kaum, als Schriftsteller nicht sehr gut, ich erinnere mich, daß er einen Brief an mich (noch aus Salzburg) einmal mit »Ihr ungebürlich eiliger Stefan Zweig« unterschrieben hat und das fehlende h war kein Schreibfehler sondern eine Prätention, und ich erinnere mich, daß ich mich bei einer einzigen Gelegenheit ernsthafter mit ihm auseinander zu setzen hatte: in meinem Vortrag über ›Die Blamage des Geistes‹ (1933 Wien, 1934 ČSR), weil Zweig als Jude ebenso wie die immerhin Arier Thomas Mann und [René] Schickele mit der Nazi-Reichskulturkammer korrespondiert hatte, um das Verbot seiner Bücher in Deutschland abzuwenden. Es erscheint mir grotesk und kaum erträglich, daß gerade der Jude unter diesen dreien bis in seinen Tod hinein nichts getan hat, was die Haltung dieses Schandbriefs später Lügen gestraft hätte: zum Unterschied von Schickele, der dann *doch* in die Emigration gegangen ist (obwohl auch *seine* Nekrologe ganz zu unrecht von einem »Kämpfer gegen die Nazi-Barbarei« sprachen, ja sogar von einem »in der ersten Reihe«, was er nun *keines*falls war), und zum Unterschied vor allem von Thomas Mann. Es erscheint mir grotesk und kaum erträglich, daß gerade der Jude Stefan Zweig sich im Leben wie im Tod so gebärdet hat, als hätte ihn nicht der Ur-Feind vertrieben sondern das schlechte Klima (oder irgendetwas noch Unfashionableres, wovon man erst gar nicht spricht). Grotesk und kaum erträglich, daß er noch in seinem Abschiedsbrief die Ursache dieses Abschieds vornehm übersieht, daß er seine ungebürliche Distanz noch *hier* aufrecht erhalten will und nicht einmal bei diesem letzten und einzigen Mal aufgeschrien hat. Wahrscheinlich hielt er das für »Format«. Es ist das genaue Gegenteil.
Ich habe den Autor Stefan Zweig, den meistübersetzten und somit

eigentlich berühmtesten Autor des 20. Jahrhunderts, niemals sehr geschätzt, aber ich habe ihn doch immer genug respektiert, um seinen
Selbstmord unter diesen heutigen Umständen nicht für eine Privatangelegenheit zu halten, sondern für einen Sieg Hitlers. Und ich habe zu
dem Menschen Stefan Zweig niemals eine richtige Beziehung gehabt,
aber doch immer eine genügend richtige, um ihm diesen Selbstmord
übel zu nehmen.

(1942)

Über den Tod Stefan Zweigs

Nun hat auch Stefan Zweig, der Österreicher vom Kapuzinerberg Salzburgs, sein Grab in fremder Erde gefunden.

Die Verlustliste der deutschen Literatur hat zwei Rubriken für jene, die den freiwilligen Tod einem zwangvollen Leben in der Hitlerschen Welt vorzogen. In der einen stehen Namen wie Egon Friedell, Walter Hasenclever, Ernst Weiß oder Walter Benjamin, die sich auf der physischen Flucht entleibten, um sich der Nazitortur zu entziehen. Im anderen Rubrum sind die, die wie Tucholsky oder Toller mit ihrem Leib in der Sicherheit des Auslands weilten, aber Schmach und Leid der Zeit nicht zu ertragen vermochten.

Zu dieser Gruppe hat sich mit einem Schluck aus dem Giftbecher Stefan Zweig gesellt. Niemand hätte das vorausgesehen. War doch sein äußeres Leben unsäglich glücklicher als das der meisten Kollegen der Gilde. Schon als Zwanzigjähriger hatte er erreicht, was er als Krönung seines Lebens erträumte: Das Wiener Burgtheater spielte ein Stück von ihm (›Teiresias‹ [recte ›Das Haus am Meer‹, 1912]), und der Jüngling [!] Zweig durfte sich vor dem Publikum der ersten deutschen Bühne für brausenden Beifall bedanken. Und vierzig [!] weitere Jahre lang fielen ihm Triumphe pausenlos zu und blieb ihm die erstaunliche Arbeitsfreude bewahrt, unhavariert brachte er Erfolg und Kraft über den Ozean, und er besaß sie noch, als er den Tod zum Munde führte.

Diese Ersprießlichkeit der Leistung, die sich in einem vielbändigen Œuvre mit enormen Auflagen und maximaler Zahl von Übersetzungen äußerte, sie riefen viel Neid und viel Kritik hervor. Man warf Stefan Zweig vor, daß seine biographischen Bücher nur Übersetzungen wissenschaftlicher Werke in jenes »gehobene Deutsch« seien, das am Anfang des Jahrhunderts Rudolf Borchardt, Wölfflin, Alexander Schröder, der ganze Kreis der Prosaiker um Stefan George und in Wien die jungen Leute um Hugo von Hofmannsthal pflegten und für die Esoteriker reserviert wissen wollten. Man warf Stefan Zweig vor, daß er mit dem Blick in den Zuschauerraum spiele, seine Effekte nach dessen Geschmack verteile und durch finanzielle Beteiligung an Verlagen für die Propaganda seiner Bücher sorge.

Dies meinte der Wiener Satiriker Karl Kraus, als er die Nachricht von der Wahl Stefan Zweigs in den Verwaltungsrat der mährischen Textilfirma Zweig unter dem Titel ›Aus der Literaturwelt‹ und darunter das Erscheinen eines neuen Buches von Stefan Zweig unter dem Titel ›Aus der Handelswelt‹ rubrizierte [!]. Ein dritter Vorwurf, der sich gegen Stefan Zweig erhob, war der des Konformismus, selbst seine Kriegsgegnerschaft sei weniger Gegnerschaft gegen den Krieg als Anhängerschaft an wachsende pazifistische Strömungen.

Aber Stefan Zweig wußte selbst, daß er nicht zum Kämpfer geboren sei, er fühlte sich als Mittler, wobei er dieses Wort sowohl von »Mitte« als auch von »Vermittlung« ableitete; nicht zufällig erkor er Erasmus von Rotterdam, den großen Versöhnler, zu seinem Helden, und nicht zufällig wählte er Brasilien zu seinem Sterbeplatz, das Land, das er in seinem letzten Buch als das Land »der merkbar gedämpften Formen, der stilleren humaneren Sphäre« idealisiert hatte.

Zweigs Humanismus war ein Humanismus der Duldung, nicht einer des Kampfes. Und mit dem großen Meister, der ihn in den Bezirk des Humanismus eingeführt, mit Romain Rolland ging Stefan Zweig nicht mehr, als Romain Rolland seine Menschenliebe auf militante Weise zu betätigen begann. Stefan Zweig wollte nur Schriftsteller sein, das Wort Literatur war für ihn ein Ehrentitel und ein Auftrag. Mit allen großen Künstlern vergangener und gegenwärtiger Zeiten stand er in Kontakt, er sammelte die Handschriften der Toten, er half den Lebenden mit seinem Rat und seinem Geld. Wie er als Dreißigjähriger während des Weltkriegs die hoffnungsweckenden Künstler seiner Generation vor dem Griff der Massengräber zu retten versuchte, so hat er als fast Sechzigjähriger viele Kollegen vor dem Hungertod und vor Europa gerettet. Zu wenige waren es für Stefan Zweig, die er retten konnte, und zu viele, die er nicht retten konnte. Diese Qual und die Qual seines eigenen Entwurzeltseins machten ihn in den letzten Jahren zu etwas, was er vorher nie gewesen: zu einem Gesellschaftskritiker. Es gibt Äußerungen von ihm, die von einer frappierenden Radikalität sind und seine ganze bisherige Lebens- und Literaturform verneinen. Vielleicht war es dieser Wechsel seiner Erkenntnisse, der mit dem Freitod des brillanten Schriftstellers und guten Menschen Stefan Zweig in Zusammenhang steht.

(1942)

Nachruf auf Stefan Zweig

Als die Nachricht über die Ozeane flog, der Schriftsteller Stefan Zweig sei mit seiner jungen Gattin aus dem Leben geschieden, empfingen wir einen Schlag. Wir wußten, wir würden lange brauchen, dieses Faktum zu verstehen. Im Jahre 1939 war es einfach, sich in die Seelen geistiger Menschen zu versetzen, die das Rennen aufgaben – das Wettrennen mit jener Naziniedertracht der stumpfen Welt, die es so wohl verstand, empfindliche Herzen zu Tode zu hetzen. Offenbar mußte man aus hartem Material sein und gewohnt, sich mit den Wechselfällen des Lebens herumzuschlagen, um einen längeren Atem zu haben als diese Hitlerei – von ihrer inneren Hohlheit, ihrer endgültigen Gebrechlichkeit so überzeugt, aus Erfahrung und Geschichte, wie vom Untergang der Saurier. Aber Stefan Zweig wartete bis zum Februar 1942, bevor er den letzten Schritt tat, und er konnte wissen, es werde zugleich das letzte, bestenfalls das vorletzte Jahr der Pestilenz und Geistesdämmerung sein; und dann würde man, würde sein Land Österreich ihn brauchen, wie die französische Republik einst Paul Claudel brauchte, als Botschafter, der das irgendwie wiedergeborene Österreich in seinen besten Möglichkeiten vor der Welt verträte. Ein Staatsbegräbnis in Brasilien war kein Trost für den europäischen Geist, der nun einen wichtigen Repräsentanten seiner deutschen Spielart entbehren mußte. Hatten wirklich diejenigen recht, die von Stefan Zweig berichteten, er habe, eigenem Geständnis nach, sich nicht vorstellen können, wie ein junger Mensch mit weniger als fünfhundert Mark im Monat sein Leben fristen solle? Und konnte er, der im Jahre 1932 mir gegenüber die Überzeugung ausdrückte, zwischen uns und der Barbarei stehe nur die Rote Armee, zehn Jahre später an der Niederlage zweifeln, die auf die Mächte der Verwesung, des längst verstorbenen Mittelalters, hinter der nächsten Ecke wartete? Das konnte nicht sein. Auch konnte ein Mann von seiner internationalen Geltung nicht plötzlich so verarmen, daß ihm mit der Frau, die er erst vor knapp zwei Jahren geheiratet, nur der Giftbecher blieb, um sich vor einem unwürdigen Leben zu retten.

Eine schweizerische Illustrierte hatte seinen Roman ›Ungeduld des Herzens‹ erstgedruckt, als sich die eidgenössische Öffentlichkeit von unseren antifaschistischen Arbeiten noch sorgsam zurückhielt. In den angelsächsischen Ausgaben war dem gleichen Buche – ›Beware of pity‹ hieß es dort – guter Erfolg zuteil geworden, während gleichzeitig die großen Zeitungen Englands und Amerikas um unsere Bücher einen Bogen machten. Die englische Regierung hatte ihm Staatsbürgerschaft und damit einen Paß gewährt, der ihm all die scheußlichen Erlebnisse ersparte, mit denen sich in diesen Jahren die Opfer Hitlers herumschlagen mußten, auch als sie schon die schützenden Küsten Amerikas erreicht hatten – von denen zu schweigen, die sich umbrachten, weil sie keinen Weg aus der Falle fanden. Dieser Tod konnte nicht von außen auf Stefan Zweig eingedrungen sein. Er mußte innerhalb seines Wesens auf ihn gewartet haben, gelauert auf eine schwache Stunde, zuzuschlagen, ein »Kind des Glückes« über den Haufen zu rennen.

Denn als »Kind des Glückes« hatte Stefan Zweig immer verstanden zu gelten. Mit seinen ersten Gedichtbänden war der gutaussehende, weltgewandte Student der Medizin [!] in die Öffentlichkeit seiner Geburtsstadt Wien getreten, aus wohlhabendem Hause stammend, das ursprünglich im Mährisch-Schlesischen beheimatet war und an der Industrialisierung der habsburgischen Monarchie Anteil genommen hatte, wie so viele jüdische Familien. Sein Drama ›Tersites‹ hatte die Aufmerksamkeit des großen Schauspielers Adalbert Matkowsky erregt, der den Achill spielen wollte. Sein erster Essayband, ›Drei Meister‹, fand vom Insel-Verlag aus den verdienten Widerhall, und seine Novellenbände, beginnend mit ›Erstes Erlebnis‹ und endend mit ›Verwirrung der Gefühle‹, erfreuten sich der Treue einer deutschen Leserschaft, die im Grunde Novellen gegenüber immer spröde geblieben war. Und so ging es fort. Seine internationale Geltung ward von keinem seiner Kollegen übertroffen – er durfte sich der Meistübersetzte von uns allen nennen. Wo immer er den Kampf geistiger Menschen um ihre Lebensleistung nachzeichnete, griffen die Gebildeten nach seinen Büchern, auch wenn manchmal die besser Eingeweihten fanden, er habe sich gelegentlich übernommen; und seine historischen Porträts etwa von ›Marie Antoinette‹ oder ›Joseph Fouché‹ bestanden auch vor strengerem Urteil. Er kannte und liebte ganz Europa, war überall daheim, hatte sich bald aus Wien nach Salzburg zurückgezogen, war vor dem Festspieltrubel stets geflüchtet, liebte die Einsamkeit der Berge und Täler, der Seen und Meere, schöner Städte. Er erwarb und behielt die Freundschaft wertvoller Zeitgenossen, Ferruccio Busonis wie Romain Rollands, Frans Masereels oder gar Sigmund Freuds. Und dennoch vermochte ihn all das nicht im Leben zurückzuhalten. Er hatte trotz klarer Erkenntnis immer davor gescheut, sich kämpferisch zu exponieren. Er sei kein Polemiker, verteidigte er sich einmal, als er von links her angegriffen wurde – mit gutem Grund. Dem Insel-Verlag und seiner deutschen Leserschaft noch »treu zu bleiben«, als der Nazismus längst das Tischtuch zerschnitten hatte, das einst ein geistiges Symposium aller kultivierten Europäer schmückte, das verbot sich von selbst. Eine tiefe Angst vor dem Untergang muß in Zweigs Seele gewaltet haben, die Bereitschaft zur Sterblichkeit des Mannes, dem Nachkommen versagt geblieben sind.

Und nur so ist das Fatum zu erklären, dem er schließlich zum Opfer fiel. Aus frühesten Kindertagen, zugedeckt von einer Steinplatte aus Verletzlichkeit, Selbstgefühl, Willen und Trotz, müssen unerledigte Konflikte in ihm gewühlt haben – in ihm, der das Glück hatte, mit Freud in der gleichen Stadt zu leben. Hatte er doch auch, trotz des Wohlwollens, das er einst von Theodor Herzl empfing, den Weg nach Palästina abgelehnt, dem »Land der Väter«, mit dem er sich innerhalb seines Dichtens so gut verstand. War es die Flucht vor dem Vater, die ihn in die weite Welt hinaus trieb, vom gastlichen England ins ferne Brasilien? Höhlte die ziellose Furcht vor dem Leben diesen Mann aus, als Überbleibsel schrankenlosen Schreckens vor dem Herrn des Elternhauses, dessen Bild in das einer normalen und erträglichen Welt nicht einzuordnen war? ›Angst‹ war der Titel einer Novelle, die um 1930 in einem weitverbreiteten Reclambändchen erschien. Auf seinem Titelblatt sah man ein Bild Stefan Zweigs, das wie eine Illustration dieser Überschrift wirkte, angstvolle Augen in einem gejagten Gesicht. Und so muß dieses Leben verlaufen sein wie auf einer Flucht, stets gebändigt von dem gespannten Willen eines Erwachsenen, der wohl weiß, daß er sich mit Phantomen herumschlägt, und der dennoch ihren unentrinnbaren Griff im Nacken spürt. Trotz allen Wohlverhaltens, bereit zu jedem geistigen Opfer, das sich noch irgendwie vertreten ließ, jede Aggression unterdrückend, sehen wir ihn dahingehen, voll Sympathie für die gerechte Sache der Verfolgten und doch außerstande, als Mitkämpfer auf unsere Seite zu treten, im Grunde Schutz suchend vor einem unbekannten Jäger. Als Englands Himmel zu bersten schien, feurige Bomben speiend, gab es da trotz repräsentativer Verpflichtungen kein Halten mehr. Hatte es noch Sinn, in diese Welt des Untergangs Werke des Schrifttums zu stellen – abgezwungen einer vielleicht bald versagenden Schöpferkraft? Wer in sich die Lockung des Todes trägt, findet nirgendwo Zuflucht, und seine Lebenskräfte zehrt vorzeitig auf, wer insgeheim beständig gegen den Strich lebt. So sammelt sich das Gift im Becher des Daseins. Man leert ihn in einer Nacht, die im Grunde sein kann wie alle anderen Nächte, und hinterläßt Zeilen voller Klage über eine Heimatlosigkeit, die von Millionen Zeitgenossen schlimmer ertragen werden muß, ertragen wird. Das ist das Ende des geistigen Menschen, dem der Schritt zu den Entrechteten nur literarisch gelingt und der versucht, sich eine neue Natur, einen stabilen Charakter zuzulegen, dabei aber immer auf der Flucht vor etwas, vor den Schatten der Kindheit, vor dem Nichts. Die bürgerliche Gesellschaft Österreichs besaß keinen nobleren Repräsentanten, keinen besseren Darsteller ihrer Fähigkeiten und ihrer Schwächen, ihres Charmes und ihrer Hoffnungslosigkeit als dieses Opfer Hitlers, den Vernichter seines eigenen Lebens, den Künstler Stefan Zweig.

(1943)

Marche macabre: Wien

[...] Der Tod des Österreichers Stefan Zweig bedeutet eine Mahnung zur Besinnlichkeit; entziehen wir uns für eine kurze Spanne Zeit der Forderung des Tages, falten wir die Tageszeitung zusammen: – – die Welt ist ärmer geworden in den letzten Jahren, das geistige Wien ist ausgestorben. Auch die Gleichgültigen, die Sachlichen sollten nachdenklich werden über diesem Ereignis.

Der Dichter Stefan Zweig war zeit seines Lebens der typische Repräsentant des österreichischen Geistigen, ein Aristokrat in der edelsten Bedeutung dieses Wortes. Allen diesen großen österreichischen Dichtern war ein Hang zum Ästhetentum gemein, ein gewisser nobler Snobismus, den sie mit unnachahmlicher Eleganz aufrechterhielten. Die Sprache Stefan Zweigs war eine Kostbarkeit für den literarischen Feinschmecker, eine magische Attraktion für die vielen Frauen, die sein eigentliches Publikum bildeten. Stefan Zweig kannte nicht die dumpfe Stimmung der Dachkammer, er wußte nicht von materieller Not und den Qualen gesellschaftlicher Deklassierung. Sein Leben verlief, sofern es seine soziale Existenz betraf, harmonisch und kaum getrübt durch äußere Eingriffe. Schon in sehr jungen Jahren erwies man dem Dichter die Ehren in reichlichem Maße, die sonst erst nach einer langen Zeit der Bewährung dem Talente zugestanden werden. Er war Mediziner [sic!], Studienkollege von Otto Weininger, dessen geniale Anlagen er übrigens nicht erkannte. Im Gegensatz zu Schnitzler und Freud, die beide ihren Beruf als Arzt ausübten, überließ sich Stefan Zweig uneingeschränkt seiner Berufung.

Es ist hier nicht der Platz, das Werk des Dichters zu würdigen. Neben vielen Mißgriffen, zu denen sein Buch über Erasmus von Rotterdam oder die ›Heilung durch den Geist‹ zu rechnen ist (Sigmund Freud war ernstlich verstimmt, als er erfuhr, daß der Dichter ihn in einen Zusammenhang brachte mit Mesmer und Eddy Baker [recte: Mary Baker-Eddy]) – neben diesen Enttäuschungen entstanden in vielen Jahren intensivster Arbeit wunderbare Biographien, Novellen von hohem Rang,

Gedichte und Übertragungen von seltener Anmut und faszinierender Einfühlungskraft.

Dann brach die Nacht des Entsetzens, des Grauens über Europa herein, die Bestie aus dem Dschungel zerstampfte all die Schätze und Werte, die für Menschen wie Stefan Zweig den einzigen Sinn des menschlichen Daseins ausmachten. Da wurden wir mit Schrecken gewahr, wie dekadent, wie morbide, wie müde dieses edle Österreichertum war. Unsre arme ›Weltbühne‹ rettete sich in die Emigration und nahm den Kampf auf gegen die zersetzende Beeinflussung des Faschismus im bürgerlichen Lager und in den Kreisen der Intellektuellen. Stefan Zweig wurde aufgefordert, einen solchen Appell gegen die Barbarei mit zu unterzeichnen. Er lehnte ab. Die Begründung war peinlich; sie zeigte, daß der Ästhet dem Leben gegenüber immer Schuldner bleiben muß. Diese Schnitzler, Hofmannsthal und Stefan Zweig sahen im Politischen nur eine der vielen Kategorien des Ausdrucks gesellschaftlicher Beziehungen. Sie wußten nicht um die elementare Wahrheit, daß das Politische die Gestalt der menschlichen Gesellschaft überhaupt erst prägt. Sie identifizierten naiv den Politiker, den Parteimann in seiner oft kläglichen Charakter- und Geisteshaltung mit der geschichtsbildenden Kraft politischer Einflüsse. Der Mensch war für sie nur Träger der Psyche, kein zoon politikon. Die beiden Brüder Mann, der Spanier Unamuno, der Holländer Huizinga hatten ihnen den richtigen Weg gezeigt, den sie – tragische Schuld – ihrem innern Gesetz nach nicht gehen konnten.

Stefan Zweig war kein Kämpfer, kein Streiter zugunsten der Idee der Humanität – des Humanismus, der Kultur. Auch Joseph Roth hat nicht durchgehalten, aber er hatte gefochten mit einem großen Wollen, tapfer, in den Reihen der Verfolgten, mit jeder Faser seines Herzens Soldat. Doch als er fühlte, daß er nicht durchhalten würde, da beschloß er zu sterben, und richtete konsequent seine Gesundheit zugrunde.

Am Vorabend der Freiheit wählte Stefan Zweig den Freitod. Enthalten wir uns der Sensationsgier, der Lüsternheit, die die Presse an den Tag legte, um alle Einzelheiten dieses Selbstmords dem Publikum zu übermitteln.

[...]

Verband irgendein äußeres oder inneres Merkmal diese Männer miteinander? Waren sie nicht völlig andersgeartete Typen, heterogener Natur in Bezug auf Herkunft, Leistung und Charakter? Oder gab es ein ihnen gemeinsames Stigma?

Sie waren Juden *und* Österreicher, Produkte der Atmosphäre einer ganz spezifischen Geistigkeit, wie sie nur Wien kannte, nur dieses untergegangene Wien. Schuldlos hatten sie das Erbe einer Kultur übernommen, weiterentwickelt bis zur Vollkommenheit der Form, des Ausdrucks und Politisch-Gedanklichen. Ganz tief verborgen aber keimte schon der Hang zur Selbstauflösung, schlummerte schon die Müdigkeit und Resignation einer untergehenden Welt: das geistige Wien.

Man hat oft die Sprache Stefan Zweigs mit dem Schmelz, der Kantilene einer Cellosaite verglichen. Zart und kostbar, ergreifend schön und wehmütig ist das alte Österreich, das Märchen Wien verklungen.

(1942)

Gespräch mit Hermann Hesse

Waren Ihre ersten Kontakte zu Zweig literarischer Art?
Meine ersten Kontakte zu Zweig waren literarischer Art. Er sandte mir noch als Student aus Wien Briefe, in welchen er sich für verschiedene literarische Fragen interessierte. Ich war zu dieser Zeit gewissermaßen sein literarischer Ratgeber und trachtete auch immer, die richtige Antwort zu finden.

1905 oder 1906 hatte ich das Vergnügen, Zweig persönlich kennenzulernen. Er besuchte mich damals am Bodensee, und wir diskutierten viel und lange über seine Frühgedichte und seine ersten Novellen. Natürlich konnte man hier noch von keiner Vollkommenheit sprechen. Es handelte sich ja dabei um seine literarischen Erstlinge, aber ich fand die Novellen dennoch interessant geschrieben.

Mit Zweig verband mich auch ein gemeinsames literarisches Interesse zu dem großen französischen Dichter Verlaine, welchen wir gemeinsam ehrten und schätzten.

Zweig hatte Ihnen in der ersten Periode seines dichterischen Schaffens viel zu verdanken; haben Sie vielleicht auch ihm in Ihrer dichterischen Laufbahn etwas zu verdanken?
Ich habe ihm die Bekanntschaft mit einem für mich unbekannten Dichter zu verdanken. Durch Zweigs Vermittlung nämlich kamen mir die Werke Verhaerens in die Hände. Ich entdeckte einen Schriftsteller, der mich durch seine Schreibart beeindruckte und von welchem ich auch etwas lernen konnte.

Was halten Sie vom literarischen Œuvre Zweigs im allgemeinen, und besteht eventuell ein Werk, das Sie für besonders wertvoll halten?
Stefan Zweig gehörte zweifelsohne zu den guten Schriftstellern, und als Werk, welches ich als besonders erfolgreich halte, möchte ich seinen ›Erasmus von Rotterdam‹ hervorheben. Echte Menschlichkeit, tiefe Gedanken in eine gepflegte Sprache gehüllt, machen aus diesem Roman ein wahres Kunstwerk, welches man mit jedem großen Werk der Weltliteratur vergleichen kann.

Was meinen Sie über Zweigs Selbstmord?

Während des Ersten Weltkrieges kam es zwischen Zweig und mir in der Schweiz zu einer engen Zusammenarbeit. Wir haben alles mögliche unternommen, um den Krieg zu verkürzen und die Leiden der Bevölkerung der einen und anderen kriegführenden Seite zu lindern. Dabei lernte ich seine große Menschenliebe, seine Feindseligkeit jeder Gewalt gegenüber kennen. Ich überzeugte mich, daß Zweig ein recht edler und guter, aber zugleich empfindlicher Mensch war, und darin liegt eben auch der Schlüssel zu seinem Selbstmord. Seine Natur konnte die Schwierigkeiten und Gemeinheiten, die ihn im Zweiten Weltkrieg überhäuften, nicht ertragen, und er nahm sich das Leben.

(1961)

Juden in der Welt von gestern

[...] Schande und Ehre sind politische Begriffe, Kategorien des öffentlichen Lebens. In der Welt der Bildung, des Kulturbetriebes, der rein privaten Existenz kann man mit ihnen so wenig anfangen wie im Geschäftsleben. Der Geschäftsmann kennt nur Erfolg und Mißerfolg, und seine Schande ist die Armut. Der Literat kennt nur Ruhm oder Unbekanntheit, und seine Schande ist die Anonymität. Stefan Zweig war ein Literat und schildert uns in seinem letzten Buch die Welt der Literaten, in welcher er Ruhm erworben hatte und Bildung; ein freundliches Schicksal hatte ihn vor Armut, ein guter Stern vor Anonymität bewahrt. Besorgt um die Würde der eigenen Person, hatte er von Politik sich vornehm ferngehalten und dies in einem solchen Maß, daß ihm noch rückblickend die Katastrophe der letzten zehn Jahre wie ein Blitz aus heiterem Himmel erscheint, wie eine ungeheuerliche, unbegreifliche Naturkatastrophe. In ihr hat er, so gut und so lange er konnte, versucht, Würde und Haltung zu bewahren. Denn daß reiche und angesehene Bürger von Wien verzweifelt um Visen bettelten, um nach Ländern zu entkommen, die sie wenige Wochen zuvor noch nicht einmal auf der Landkarte gefunden hätten, erschien ihm unerträglich demütigend. Daß etwa er selbst, gestern noch berühmt und ein geehrter Gast fremder Länder, in irgendeiner Weise zu diesem miserablen Haufen von Staatenlosen und Suspekten gehören sollte, ganz einfach die Hölle auf Erden. Sosehr das Jahr 1933 sein persönliches Leben veränderte, an seinen Wertmaßstäben, an seiner Haltung zu Welt und Leben vermochte es nicht das mindeste zu ändern. Er fuhr fort, sich seiner unpolitischen Haltung zu rühmen; es kam ihm nie auch nur in den Sinn, daß es – politisch gesprochen – eine Ehre sein könnte, außerhalb des Gesetzes zu stehen, wenn vor dem Gesetz nicht mehr alle Menschen gleich sind. Daß die bessere Gesellschaft auch außerhalb Nazideutschlands in den dreißiger Jahren unaufhaltsam den Wertmaßstäben der Nazis nachgab und die von ihnen Geächteten und Gejagten diskriminierte, hat er gespürt und sich nicht verhehlt.

Keine seiner Reaktionen in dieser Zeit ist von irgendeiner politischen Überzeugung, alle sind von einer Überempfindlichkeit für gesellschaftliche Demütigungen diktiert. Anstatt die Nazis zu hassen, hoffte er, sie zu ärgern. Anstatt gleichgeschaltete Freunde zu verachten, dankte er Richard Strauss, daß er von ihm noch Libretti akzeptierte; wie man einem Freund dankt, der einen im Unglück nicht verläßt. Anstatt zu kämpfen, schwieg er; glücklich, daß seine Bücher nicht gleich verboten wurden. Und wenn ihn auch tröstete, daß seine Bücher mit denen gleich berühmter Autoren aus den deutschen Buchläden entfernt wurden, konnte ihm dieser Gedanke doch nie darüber hinweghelfen, daß sein Name wie der eines »Verbrechers« von den Nazis angeprangert wurde, daß aus dem berühmten Stefan Zweig der Jude Zweig geworden war. Nie hatte er, so wenig wie seine weniger sensiblen, weniger begabten und daher weniger gefährdeten Kollegen, vorausgesehen, daß jene vornehme Zurückhaltung, welche die Gesellschaft so lange zum Standard wirklicher Bildung erhoben hatte, im öffentlichen Leben einfach Feigheit heißen könnte, und daß die Distinktion, die so lange und so wirksam vor allen unangenehmen, peinlichen Ereignissen geschützt hatte, plötzlich in eine unabsehbare Reihe von Demütigungen führen würde, die das Leben wirklich zur Hölle machen.

Bevor Stefan Zweig seinem Leben ein Ende bereitete, hat er mit jener erbarmungslosen Genauigkeit, welche der Kälte der echten Verzweiflung entspricht, aufgezeichnet, was die Welt ihm geschenkt und was die Welt ihm schließlich angetan hat. Aufgezeichnet das Glück des Ruhmes und den Schimpf der Demütigung. Aufgezeichnet, wie er aus dem Paradies vertrieben wurde; dem Paradies des gebildeten Genusses, des Umgangs, weniger mit Gleichgesinnten als mit Gleichberühmten, des unendlichen Interesses an den toten Genien der Menschheit, in deren privates Leben einzudringen, deren persönlichste Hinterlassenschaften wie Reliquien zu sammeln die beglückendste Tätigkeit eines untätigen Lebens gewesen war. Aufgezeichnet, wie er plötzlich einer Wirklichkeit sich gegenüber fand, in der es nichts mehr zu genießen gab, in der die Gleichberühmten ihn mieden oder bemitleideten und in welcher die gebildete Neugier an Vergangenem dauernd und unerträglich gestört wurde durch den Lärm der bösen Nachrichten, der mörderischen Donner der Bombardements und die endlosen Demütigungen durch die Behörden.

Vergangen, zerstört für immer jene Welt, in welcher man »früh gereift und zart und traurig« sich häuslich eingerichtet hatte, jener Park der Lebenden und Toten, in welchem die Auserwählten des Geschmacks der Kunst huldigten, dessen Gitter den profanen Vulgus der Nichtgebildeten wirksamer abtrennten, als die Chinesische Mauer es vermocht hätte. Untergegangen mit ihr auch jenes Spiegelbild der Gesellschaft der Berühmten, in welcher man erstaunlicherweise das »wirkliche Leben« zu entdecken hoffte – die Boheme. Für den jungen Bürgersohn, der der Behütetheit des Elternhauses zu entfliehen gedachte, wurde der Bohemien, der sich durch so wesentliche Dinge von ihm unterschied, wie daß er sich nur selten und ungern kämmte und niemals seinen Kaffee bezahlen konnte, zum Inbegriff des in den Widrigkeiten des wirklichen Lebens erfahrenen Menschen. Für den Arrivierten wurde der Nichtarrivierte, der von hohen Auflageziffern nur träumte, zum Inbegriff des verkannten Genies und damit zum Beispiel dafür, welche fürchterlichen Schicksale das »wirkliche Leben« einem hoffnungsfreudigen jungen Mann bereiten konnte.

Natürlich ist die Welt, die Zweig schildert, alles andere als die Welt von gestern; natürlich lebte der Autor dieses Buches nicht eigentlich in der Welt, sondern nur an ihrem Rande. Die sehr vergoldeten Gitterstäbe dieses eigenartigen Naturschutzparks waren sehr dicht und benahmen den Insassen jeden Blick und jede Einsicht, die ihrem Erleben und Genießen hätte störend werden können; und dies in einem solchen Ausmaß, daß Zweig das furchtbarste und verhängnisvollste Ereignis der Nachkriegszeit, die Arbeitslosigkeit, unter dem sein Heimatland, Österreich, mehr gelitten hatte als irgendein anderes europäisches Land, noch nicht einmal erwähnt. Daß uns Heutigen die Gitter, hinter welchen diese Menschen ihr Leben verbrachten und denen sie ihr ungewöhnliches Sicherheitsgefühl verdankten, Gefängnis- oder auch Ghettomauern nicht sehr unähnlich erscheinen, vermindert den außerordentlichen Wert dieses Document humain nicht im mindesten. Es ist erstaunlich, ja es ist unheimlich, daß es unter uns Lebenden noch einen Menschen gegeben hat, dessen Ignoranz groß und dessen Gewissen daher rein genug war, um die Vorkriegswelt mit den Augen des Vorkriegs, den Ersten Weltkrieg mit dem ohnmächtigen und leeren Pazifismus von Genf und die trügerische Ruhe vor dem Sturm zwischen 1924 und 1933 als die Rückkehr zur Normalität zu sehen. Aber es ist auch wieder bewundernswert und dankenswert, daß wenigstens einer von ihnen den Mut gehabt hat, alles genau, ohne zu verheimlichen oder zu

beschönigen, wiederzugeben, und dies, obwohl Zweig sehr genau gewußt hat, welche Narren sie alle zusammen gewesen sind; wenn ihm
auch schwerlich der Zusammenhang zwischen ihrem Unglück und ihrer Narrheit je klargeworden ist.

(1948)

Stefan Zweigs Literatur en gros

Der ihn mit mir bekannt machte – in Lyons Corner-House, wir aßen damals oft zu Abend in jenem billig vergoldeten Freßpalast – war Stefan Zweig. Ich »übernahm« ihn von meiner älteren Schwester. Unsere Beziehungen waren flüchtig – bis dann im Januar 1934 die österreichischen Sozialdemokraten, denen ich nahestand, vom kleinen Kanzler Dollfuß zerschlagen wurden und ich nach England fuhr. Ich sagte es ja schon irgendwo: In den Zug, in Salzburg, stieg Stefan Zweig zu mir ein. Auch er auf dem Weg ins Exil. Ich mußte ihm schwören, es niemandem zu verraten – aber der Schwur ist längst verjährt. Die Salzburger Polizei hatte an jenem Morgen unter dem Bett dieses Pazifisten um jeden Preis, dieses Hassers jeglicher Waffe, nach einem von ihm dort angeblich versteckt gehaltenen Maschinengewehr gesucht. Aber, so prophezeite er, dieses nicht-existierende Maschinengewehr werde zu schießen beginnen. Und darum gehe er ins Exil! So sahen wir in England eine Menge voneinander, bis er dann im ersten Kriegsjahr nach den Vereinigten Staaten ging.

Er hatte zwei Wurzeln, eine kommerzielle und eine literarische, und beide lagen in Österreich. Die Zweigs waren sehr wohlhabende Textilindustrielle (wie die Werfels und wie die Brochs). Zweig hatte nie im Leben eine finanzielle Sorge, und auch der literarische Erfolg war für ihn gesichert, vom ersten Gedicht an, vom ersten Feuilleton. All das ist ein großer Nachteil für einen jungen Dichter. Zweig überkam ihn, indem er seine Ziele über das allzu bequem Erreichbare hinaus immer höher und weiter steckte – weltweit, weltbrüderlich, welt-humanistisch; mit Sozialismus oder gar Kommunismus hatte diese großbürgerlich-edle Gewaltlosigkeit, dieses »Ohnemich« gegenüber allem Politischen nichts zu tun.

Dabei systematisierte sich dieser Internationalismus wie von selbst. Er hatte eine enorme Gabe, Freundschaft zu schenken und Freundschaft zu erwecken; wie die väterliche Textilfabrik vermutlich in jeder wichtigeren Stadt Zweig-Niederlassungen, Vertretungen, Geschäftsfreunde besaß, so besaß dieser unaufdringliche, nirgends anstoßende Mann in jeder Stadt von mehr als fünftausend Einwohnern auf dem weiten Erdball einen Freund – Buchhändler, oder Mitglied der lokalen literarischen Gesellschaft, oder Redakteur am lokalen Blatt, der dann auf dem Bahnsteig stand, wenn Zweig jene Stadt besuchte, ihn einführte, wenn er den Vortrag hielt, und das dithyrambische Feuilleton schrieb, das dann am nächsten Tag in der lokalen Zeitung stand. »Lieber Freund« nannte Zweig jeden dieser Korrespondenten, und sie nannten ihn »lieber Freund«, und daß sie nicht, wie sie wähnten, *der* liebe Freund waren, sondern *ein* lieber Freund unter tausend lieben Freunden, das führte mitunter zu kleinen Tragikomödien der Eifersucht: unjunge Gymnasialprofessoren benahmen sich da wie konkurrierende Backfische.

Ich sage es mit aufrichtiger Bewunderung für diesen warmherzigen, weltoffenen und brillanten Freund: Es war, ins Geistige übertragen, die Musterorganisation eines Versandgeschäftes. (»Der Erwerbszweig« hieß er in Wien, im Gegensatz zu Arnold, der so ganz anderer Art und Herkunft ist.) Er hatte auch die leise Larmoyanz des wahrhaft erfolgreichen Kapitalisten. Klagenden Tonfalls sagte er mir einmal: »Der Roman (es war ›Ungeduld des Herzens‹) ist gestern erschienen. 40 000 Vorverkauf. Es ist nicht viel – aber es spricht sich herum.«

Blieb (um die Parallele herzloserweise weiterzutreiben) das Problem der Belieferung – das zu versendende Produkt. Da aber zeigte sich erst Stefan Zweigs Genialität. Es war die Zeit, da die Erkenntnisse und Entdeckungen Sigmund Freuds in Wien sichtbar auf der Straße lagen wie die Nuggets auf gewissen Feldern Kaliforniens in Gold-Digger-Tagen; man mußte sich nur nach ihnen bücken. Zweig bückte sich, eine ganze Schriftstellergeneration bückte sich, und was der Meister unzugänglich und schwierig für die Wissenschaft produzierte, das reproduzierte Zweig (sehr viel besser, sehr viel dichterischer als die minderen Lichter, die neben ihm, nach ihm schrieben) wienerisch-populär fürs Sonntagsfeuilleton der Wiener ›Neuen Freien Presse‹ und von da aus weiter für die deutsche Literatur.

(Ich selbst saß in Freuds Kolleg in jenen Tagen als Medizinstudent – neben mir meine spätere erste Frau. Bevor wir heirateten, lasen wir dann noch romantischerweise die ›Kritik der reinen Vernunft‹. Für dieses Kolleg hatte der Ordinarius, Wagner-Jauregg, Freud den kleinsten und schäbigsten Hörsaal gegeben. Wir paar Studenten saßen in der letzten Bank. Vorn auf dem Podium: Freud, mit gestutztem Vollbart. Die ganze erste Reihe vor ihm: Herren mit umfangreichen Umhänge-bärten, assyrischen Hohepriestern gleich – das waren Freuds Assisten-ten. Zwischen ihnen und uns in der letzten Bank: Reihe um Reihe mitteljunger Damen – das waren Patientinnen, Expatientinnen, poten-tielle Patientinnen.

Dabei war es ein großartiges Kolleg. Ich erinnere mich des Satzes, den Freud eben sagte, als ich zum erstenmal – verspätet, ich hatte das Säl-chen nicht gefunden – sein Kolleg betrat. Er sagte: »– und sollte jemand einwenden, diese Erklärung sei sehr gesucht, so ist meine Antwort: sie ist auch sehr gefunden!«)

Zweig machte also Literatur daraus; diesen ins Sonntägliche emporge-zwirbelten Feuilletonstil – wienerisch wie Sachertorte mit Schlagobers, ähnlich wohlschmeckend und kunstvoll (und leider auch ähnlich präzis) – ist er im Grunde nie losgeworden, fürchte ich. Der Stil war unter Tortenliebhabern (und zu ihnen gehört ja seit jeher das ganze bessere, bücherkaufende Bürgertum, die Damen voran) ein enormer Erfolg. Während des Exils schrieben er und ich einmal gemeinsam einen Film (das Skript, nie gedreht, liegt in einer der Laden hier), und als wir un-ausweichlich zu einer höchst emotionellen Szene kamen, sagte er: »Nein, halt. Das gehört groß geschrieben! Das diktiere ich!«

Er diktierte es. (Lotten, seiner Sekretärin, die er dann heiratete, die mit ihm in den Tod ging.) Er diktierte es »groß«. Ich las es mir unlängst durch, ich wunderte mich, daß das vergilbende Papier keine Flecke auf-weist: das ist in so viel ausgezeichneter, bester Butter herausgebacken, daß darin schon wieder ein Stil, eine Haltung, ein Anflug von Größe liegt.

Nun, das wird zu lang. Zu viel noch zu sagen. Zum Beispiel über seine Schwäche für alles Dämonische, vom sicheren Ufer her – ein Wiener Feuilletonist, seine Wiener Feuilletonleser an der Hand nehmend und ihnen vertraulich erklärend, es gebe Laster, Spielleidenschaft, Impo-tenz in höchsten Kreisen (der Gatte Marie Antoinettes!) – all dies auf eine feine Weise sagbar geworden durch seine taktvolle Feder unter dem Banner von Sigmund Freud.

Dabei ist das mit dem Blick der Katze gesehen, die das Mausen nicht lassen kann. Der Mensch durchschaut, indem er vereinfacht. Über diese Vereinfachung weit hinaus war Stefan Zweig auf eine beinahe schon wieder mutige Weise ein Zivilist, ein ernster, brüderlicher und weiser Mann, wo es um die Ideale des Humanismus und um den Frieden ging.

Er beginn dann Selbstmord. Er war sein Leben lang ausgewichen. Vor dem Ersten Weltkrieg in die Schweiz. Vor dem symbolischen Maschinengewehr nach England. Vor dem Bombardement Londons in die ungefährdete Provinzstadt Bath. Vor Hitlers angedrohter Landung in England nach den Vereinigten Staaten. Vor dem Eingreifen Roosevelts in den Krieg nach Brasilien. Sogar aus der Hauptstadt Brasiliens wich er aus, in einen Höhenkurort. Von dort aus gab es kein Ausweichen mehr. Auch nicht vor dem Alter – er sagte immer, er wolle nicht älter werden als sechzig. Auch nicht vor der Erkenntnis, daß seine Zeit, die Zeit seines feinsinnig-feuilletonistischen Humanismus zunächst und vielleicht für immer vorüber sei. Alle seine Briefe aus den letzten Monaten seines Lebens (sehr schöne Briefe, ich suche sie doch noch einmal heraus) sind schwer von dieser Erkenntnis. Ach, lieber Freund, adieu, lieber Freund, auf Nimmerwiedersehn.

(1963)

Über Stefan Zweig

[...] Seit nunmehr vierzig Jahren gehöre ich zu Stefan Zweigs Leserge-
meinde, meine Verehrung für ihn ist ungebrochen. Ich kann ihn nicht
abschütteln, so wie ein Volk seine Geschichte nicht abschütteln kann.
Das hat seine Ursache in meiner eigenen Biographie: Durch ein Buch
von Stefan Zweig bin ich zum Lesen, bin ich zur Literatur gekommen.

Es war 1939, zu Beginn des Zweiten Weltkrieges, ich war dreizehnein-
halb Jahre alt, da ging eines Tages mein Deutschlehrer mit mir zusammen nach dem Unterricht nach Hause, weil wir in der gleichen Straße
wohnten. Vor dem Gartentor am Haus meiner Großeltern, bei denen
ich aufwuchs, reichte er mir ein in Zeitungspapier gewickeltes Päckchen
und sagte leise und beschwörend, ich dürfe es niemandem zeigen, mit
niemandem darüber sprechen. Ich war erstaunt, ich war verwirrt. Auf
meinem Zimmer entfernte ich – man kann sich vorstellen, wie aufgeregt ich war – das Papier; zum Vorschein kam ein Buch. Sein Titel war
›Sternstunden der Menschheit‹, sein Verfasser Stefan Zweig. Darum
also die Vorsicht: Mein Lehrer hatte Kopf und Kragen riskiert. Wenn
nämlich bekannt geworden wäre, daß er mir verbotene Literatur gegeben hatte, Schmutz und Schund, wie die Nazis sagten, noch dazu von
einem Juden, wäre das Konzentrationslager ihm sicher gewesen. Ich
weiß heute noch genau, daß ich das Buch in einem einzigen Anlauf
durchgelesen habe; ich weiß, daß mich diese historischen Miniaturen
so sehr fesselten, daß ich einfach nicht mehr aufhören konnte zu lesen.
Wenn ich mein Zimmer verließ, versteckte ich es unter der Matratze,
damit es weder meiner Großmutter noch einer meiner Tanten, die mit
im Haus wohnten, in die Hände fallen und unangenehme Fragen auslö-
sen konnte.

Mein Lehrer lieh mir nach und nach noch viele Bücher, die im Dritten
Reich verboten waren. Da ihr Besitz lebensgefährlich war, hatte er sie
im Keller hinter den Stößen des Winterholzes versteckt. Ich kann mich
nicht mehr erinnern, ob unter ihnen ein weiteres von Stefan Zweig

war, aber dieses eine allein, dieses erste hatte in mir schon die Liebe zur Literatur geweckt. Später, in Amerika, in einem Kriegsgefangenenlager, habe ich alles gelesen, was auf deutsch von Zweig zu haben war, und das war nicht wenig. Stefan Zweigs ›Fouché‹, seinen ›Magellan‹ und seine ›Marie Antoinette‹ habe ich wieder und wieder gelesen. Damals habe ich begonnen, mich für historische Ereignisse zu interessieren, Geschichte nicht mehr als Ergebnis hinzunehmen, sondern nach ihren Ursachen zu fragen und nach Parallelen in der Gegenwart zu suchen.

Aber Stefan Zweig machte mich auch neugierig auf andere Autoren, denn er hat sich viel mit den Werken der Zeitgenossen und vor allem auch, wie kaum ein deutscher Schriftsteller, mit der Literatur fremder Nationen befaßt. Durch Stefan Zweig fand ich zu Balzac, James Joyce, Maxim Gorki, Dostojewskij, Casanova, Hölderlin, Kleist; er hat mir den Schlüssel gegeben, Zugang zu ihrem Werk zu finden, und sie haben mich – zusammen mit ihm – ein Leben lang begleitet. So ist dies ein ganz persönliches Bekenntnis zu einem Autor, der für mich zur entscheidenden Literatur- und Leseerfahrung schlechthin wurde.

Es gibt wohl keine veröffentlichte Zeile von Stefan Zweig, die ich nicht gelesen habe. Zunächst waren es – neben den genannten historischen Biographien – seine einfühlsamen, von psychoanalytischen Erkenntnissen beeinflußten Novellen, die mich berührten, erregten, beunruhigten, wie ›Amok‹, ›Vierundzwanzig Stunden aus dem Leben einer Frau‹, ›Phantastische Nacht‹, ›Brief einer Unbekannten‹ und, natürlich, ›Ungeduld des Herzens‹, sein einziger Roman. Die Bewunderung der sprachlichen Meisterschaft, des psychologischen Einfühlungsvermögens hierin, hält auch heute noch an. Jedoch erst als ich seine Monographien las, zunächst ›Baumeister der Welt‹, begriff ich seine eigentliche große Begabung, die auch in den ›Sternstunden‹ so deutlich zu spüren ist: an einem unscheinbaren Detail, an einem auf den ersten Blick uninteressanten Vorfall Geschichte sinnlich faßbar, für den Lesenden aufs neue Realität werden zu lassen. Stefan Zweig war unermüdlich im Aufspüren von Figuren am Rande historischen Geschehens, sezierte ihre »Seele«, so daß ihm manche geschichtliche Episode fast zu einem Psychogramm geriet – denn er war ein Menschenfreund, dem »nichts Menschliches fremd« war.

Es ist recht aufschlußreich, im nachhinein zu sehen, wie man zu einem Autor kommt und was dieser in einem auszulösen vermag: ich für meinen Teil habe z. B. durch Stefan Zweig das Schachspielen gelernt. Als ich 1948 seine ›Schachnovelle‹ las, dämmerte mir, daß dieses Spiel wohl etwas mehr sein mußte als nur das Herumschieben von Figuren. Vom Leseeindruck fasziniert, setzte ich mich einfach an ein Brett und sagte zu meinem Gegenüber: Bring es mir bei.

Ich weiß noch genau, wie ich mich dabei in den Häftling der Novelle hineindachte und fortan mit einer Begeisterung Schach spielte, daß ich wie dieser Zeit, Raum und Menschen vergaß. Diese Meisternovelle wird bleiben und weiter wirken.

(1981)

Hilflos. Stefan Zweigs Briefe

In eher einfachen, wenn auch immer sorgfältig formulierten Sätzen wendet sich Stefan Zweig an seine Schriftstellerkollegen, an Broch und Thomas Mann, an Buber und Hesse, an Joseph Roth, Richard Dehmel, Frans Masereel, um zu fragen und zu bitten (meist für andere), zu loben und zu ermutigen, zu raten, zu helfen und zunehmend, wie sich die Zeiten verfinstern, zu klagen und anzuklagen: nicht diesen und jenen, sondern eben die Zeiten selber, die seinen Idealen und Bedürfnissen so widersprachen, daß er sich endlich das Leben nahm.

Die sich wandelnden Zeitverhältnisse kann man gut verfolgen, weil diese Briefe aus vier Jahrzehnten, 1902 bis 1942, nicht nach den einzelnen Korrespondenten gruppiert, sondern nach der Chronologie geordnet sind. Dadurch liegt der Nachdruck auf dem Verfasser statt auf den Empfängern, so daß der Herausgeber zu Recht behauptet: »Mir schienen die charakteristischen Züge seines Wesens in dieser Sammlung auch ohne Kommentar deutlich genug hervorzutreten. «

Was sind nun aber diese Züge? Es liegt im Wesen der Dinge, daß die entscheidenden Eigenschaften Stefan Zweigs nach 1933, also in der Zeit, wo sie sich bewähren müssen, besonders deutlich hervortreten. Sagen wir es zusammenfassend: Zweig ist ein Humanist alter Observanz, ein Mensch von Kultur, Schliff und guten Manieren, ein Liebhaber der Wahrheit und Schönheit.

Was im Gedicht selbst den ergebensten Verehrer Goethes wie Zuckerguß anmutet, das drängt sich, wenn man diese Briefe liest, dem Leser als in Stefan Zweig verkörperte Realität auf: er ist wirklich edel, hilfreich und gut. Gorki gegenüber verteidigt er Rußland gegen die Angriffe, die der ehemalige Kommunist Istrati auf die Sowjetunion häuft, und Klaus Mann verweigert er die Mitarbeit an der neugegründeten Zeitschrift ›Die Sammlung‹, weil sie ihm zu aggressiv ist. Er ist »keine polemische Natur« und habe sein ganzes Leben lang »immer nur *für* Dinge und *für* Menschen geschrieben und nie gegen eine Rasse, eine Klasse, eine Nation oder einen Menschen«. Und von diesem Standpunkt will er auch den Nazis gegenüber nicht abweichen.

Aber wie setzt man sich mit einer so unpolitischen Haltung in einer Zeit des Mords und Totschlags durch, ja wie ist es auch nur gedanklich möglich, ohne Partei zu ergreifen, der Gerechtigkeit zu dienen, so wie es sicherlich Stefan Zweigs ehrlicher Wunsch war? Eine unwichtige, mit den politischen Wirren der Epoche scheinbar in keinerlei Zusammenhang stehende Episode, von der der Schriftsteller berichtet, wirft ein enthüllendes Licht auf die Hilflosigkeit dieses friedliebenden Humanisten, der sich nicht um die sozio-ökonomischen Ursachen der furchtbaren Kämpfe kümmert, sondern sie nur vornehm und traurig bedauert. Wenige Monate vor seinem Tod erwähnt er in einem Brief an Friderike Zweig sein »Brasilienbuch« (gemeint ist ›Brasilien, ein Land der Zukunft‹), das zu seiner Verwunderung »den Leuten hier nicht enthusiastisch genug war – sie lieben im Lande gerade das nicht, was wir lieben, und sind auf ihre Fabriken und Kinos viel mehr stolz als auf die wunderbare Farbigkeit und Natürlichkeit des Lebens«.

Das ist zunächst alles, und der Leser ist vielleicht geneigt, der Meinung zuzustimmen, die Brasilianer seien töricht in der Verkehrtheit ihrer Werte. Aber schon eine Woche später erwähnt Zweig eine Einzelheit aus seinem neuen Leben, von ihrer Tragweite bestimmt nichts ahnend, die geeignet ist, den Leser sein erstes Urteil revidieren zu lassen. Zweig berichtet von dem kleinen Häuschen mit der hübschen Terrasse, das er in den Hügeln von Petropolis gemietet hat, weit weg von der heißen Küste, an einem Ort, der so schön verlassen ist »wie Ischl im Oktober«. Und dann fügt er, ganz nebenbei, diesen verräterischen Satz hinzu: »Es wird kleine Schwierigkeiten geben, da man sich mit der portugiesisch-braunen Dienerschaft nicht immer wird ganz verständigen können, aber sie sind rührend hilfswillig, und ich bezahle für zwei Mädchen und Gärtner, der die Wege macht, fünf Dollar im Monat!«

Die Billigkeit der Arbeitskräfte im Gegensatz zur hohen Miete, die man ihm abverlangt, behagte Zweig natürlich sehr. Aber nun versteht man nicht nur, warum für diese Menschen die Fabriken und Kinos, wo sie ihrer Armut auf zweierlei Weise entkommen können, wichtiger sind als die Farbigkeit und Natürlichkeit des Lebens, sondern auch, daß der ganze ästhetisierende, melancholische Humanismus des wohlhabenden Europäers den harschen Lebensbedingungen in den meisten Teilen der Welt unangemessen ist.

Stefan Zweig hat Selbstmord begangen, weil es »keine Rückkehr zu den Dingen von ehedem geben« konnte, weil ihm das Kommende niemals

mehr würde »bieten können als jene früheren Zeiten«. Solche Äußerungen legen nahe, daß er seine eigene Weltanschauung zur »Welt von
Gestern« zählte und daß diese Ahnungen seine große Müdigkeit vertieft haben.

(1979)

Kassandra, schwärmerisch.
Zum 100. Geburtstag von Stefan Zweig

Je berühmter und beliebter ein Schriftsteller bei Lebzeiten ist, desto heftiger, ja hämischer möchte die Nachwelt den eben noch so Gefeierten gleich nach seinem Tode vergessen. Als man in Deutschland und Österreich nach 1945 jene Autoren Revue passieren ließ, die in den zwanziger Jahren oder davor wichtig gewesen waren, und die dann während der Nazizeit hatten schweigen oder emigrieren oder die Sklaven-Sprache sprechen müssen – da fanden nur wenige für die literarische Leistung Stefan Zweigs ein gutes, von Spott und Überheblichkeit freies Wort.

Außer jeder Diskussion stand freilich Stefan Zweigs empfindsamer, menschenscheuer, zu Passivität und Pazifismus neigender, liebenswerter Charakter. Schon während des Ersten Weltkriegs hatte Zweig sich nicht vom damals grassierenden Chauvinismus anstecken lassen. Er stand über aller nationalistischen Kriegsbegeisterung, wie sonst nur wenige: etwa Romain Rolland, Ferruccio Busoni, die Zweig sehr bewunderte, oder Karl Kraus, für den er weniger übrig hatte.

Danach, in den zwanziger und beginnenden dreißiger Jahren, hob ein phantastischer Auflagen- und Übersetzungserfolg den Stefan Zweig ganz hoch. Gleichwohl mied er das Rampenlicht, scheute er öffentliches Auftreten, haßte er das »Repräsentieren«. Lieber sammelte er kostbare Autographen und Bilder, lieber half er Ärmeren in aller Stille.

Als Zweig während der dreißiger Jahre zum erstenmal Brasilien bereiste, behandelte man ihn wie einen Staatspräsidenten. Eine Suite mit vier Zimmern im Luxushotel, Chauffeur, Auto und stets hilfsbereiter Attaché wurden ihm zur Verfügung gestellt. Seine Vorlesungen waren überfüllt. In einem Gefängnis zu São Paulo spielte eine eigens für ihn angetretene Musikkapelle, die »zu zwei Dritteln aus Mördern bestand«. (Wie es geklungen hat, ist nicht überliefert. Aber ungewöhnlichere Ehrungen kann ein Autor schwerlich erreichen.)

Einige Jahre später, wiederum in Brasilien, als zwar nach wie vor Hochrespektierter, aber Staatenloser, nahm sich Zweig zusammen mit seiner zweiten Frau, aus künstlerisch-politischem Nichtmehr-weiter-Wissen am 22. Februar 1942 das Leben. Seine Emigrations-Schicksalsgenossen mochten Zweigs Resignationsende nicht verstehen. Ging es ihm denn nicht viel besser, zumindest wirtschaftlich-materiell, als fast allen anderen? Woher sollten sie nun den Überlebensmut nehmen?

Nach 1945: der literarische Rückschlag. Man hatte nur noch ein Achselzucken übrig für Stefan Zweigs Virtuosität und erbauliche Banalität, die den Lesern von einst so imponierten. Im vertraulichen Gespräch erzählten die alten »Kollegen«: Zweig sei ganz unkritisch gewesen gegenüber allem bedruckten, betippten Papier. So wie es, laut Heinrich Heine, einst ein Zeichen der Mittelmäßigkeit gewesen war, von Goethe gelobt zu werden, so wie auch Thomas Mann bequemlichkeitshalber dem bescheidensten Text anerkennende Sätze zollte, so habe auch Stefan Zweig wirklich alles Erdenkliche aufs freundlichste gerühmt.

Wer in Stefan Zweigs Essays und Biographien, etwa im berühmten Dostojewskij-Aufsatz oder in den biographischen Büchern, auch in den ›Sternstunden der Menschheit‹ blättert, der hat ein altmodisches, aber auch manchmal schales Lesevergnügen. Geschickt gemacht – doch etwas zu wirkungsverliebt, zu »gekonnt«, zu kantilenen-selig. Zweig war ein Meyerbeer des Essayismus.

Freilich: wenn man sich solcher Eindrücke wegen gerade abwenden will von gewissen Essays und Erzählungen, die eher an Emil Ludwig erinnern als an Thomas Mann, eher an schlechten Schnitzler als an guten Hofmannsthal (Hofmannsthal übrigens mochte den immer nur lobpreisend über ihn sprechenden Zweig schon während der zwanziger Jahre nicht sehr, er bat sich kränkenderweise aus, daß Zweig nie um Mitarbeit bei den Salzburger Festspielen gebeten werden solle, falls man auf ihn, Hofmannsthal, wert lege), dann muß man zur ›Welt von Gestern‹ greifen. Das ist Stefan Zweigs vollkommen meisterhafte, kurz vor dem Tode verfaßte, ohne jede persönliche Eitelkeit geschriebene, dafür die Zeitgeschichte am eigenen Lebenslauf faszinierend erhellende Autobiographie.

Ein herrliches Lese-Buch. Es wirbt für seinen Autor, indem es nicht für ihn werben will. Wir erfahren Neiderregendes über die Kunstseligkeit und Behaglichkeit des Vorweltkriegs-Wien, über die Kunstsinnigkeit seiner klugen christlich-jüdischen Bewohner. »Der erste Blick eines Wiener Durchschnittsbürgers in die Zeitung galt allmorgendlich nicht den Diskussionen im Parlament oder den Weltgeschehnissen, sondern dem Repertoire des Theaters.« Wir fühlen den Charme der Donau-Monarchie. Aus der Distanz wehmütiger Sehnsucht schreibt Zweig ganz konkret über seine prominenten Künstlerfreunde, aber auch über die Unfähigkeit der Menschheit, den Ersten Weltkrieg zu ahnen und über ihre Blindheit, den offen herannahenden Zweiten kommen zu sehen.

Natürlich kann man das Buch auch gegen den Strich lesen. Es beschönigt und verklärt. Ob Shaw und H. G. Wells wirklich so geistreich miteinander debattierten, wie Zweig es fabelhaft brillant beschreibt? Ob die armen Österreicher sich wirklich so neidlos für die Feste der reichen Aristokratie begeisterten? Ob die damalige Politik wirklich so liebenswert nachlässig und das Leistungsniveau in Konzertsälen und Theatern tatsächlich so lobenswert streng-hoch gewesen ist? Punkt für Punkt ließen sich dagegen Argumente zusammentragen, etwa bei Kraus und Friedell.

Nur: Zweigs Enthusiasmus wird dadurch weder widerlegt noch Lügen gestraft. Schwärmerisch erträumt er eine besonnte Vergangenheit. Er mochte lieber Leistung anerkennen als Größe aberkennen. Diese ewig schwarzsehende Kassandra war eigentlich ein affirmativer Künstler: »Ich habe Mißtrauen gegen geistreiche Menschen, weil sie zuviel negieren und nicht herzlich lieben können.«

Ein Schriftsteller, der so gern temperamentvoll geschwärmt hätte, erkannte das Unglück seiner Zeit und seiner Welt früher als die anderen. Diese entsetzliche Spannung ertrug er am Ende nicht mehr.

Zweig hat an Europa geglaubt. Er hat sich enthusiasmierend jenen großen Figuren widmen können, die seinen Enthusiasmus erregten. Er hat die ›Schachnovelle‹ geschrieben und die ›Welt von Gestern‹ gedichtet. Für eine kleine Unsterblichkeit müßte das genügen.

(1981)

Ein Ruhm von gestern.
Zum 100. Geburtstag von Stefan Zweig

Ganz zuletzt, in Petropolis, wenige Wochen vor seinem Selbstmord, sagte Stefan Zweig zu einem Freund, der ihm von seiner unverminderten Schaffenskraft gesprochen hatte, mit einem wehmütigen Lächeln: »Ja, früher war doch in dem, was ich schrieb, ein gewisser Glanz.« Eben dieser Glanz war es gewesen, ein allzu heftig angestrebter, allzu reichlich glitzernder Glanz, der ihn den penibleren unter seinen Zeitgenossen verleidet hatte, der sie die Nase rümpfen ließ über den Vielschreiber, dessen weltweiter Erfolg als Erzähler, Dramatiker, Essayist und Biograph ihnen im Grunde unverdient schien.

Gewiß: sein Stil war üppig. Farbige Epitheta, achtlose Klischees rankten sich wie die Arabesken des Historismus, wie die Lilien und Wasserrosen des Jugendstils um sein Sprachgerüst. Immer gab es, zumal in seinen Novellen, der schillernden, schmückenden Attribute zu viel, häuften sich ekstatische Bilder, bebten seine historischen Schilderungen, seine Beschreibungen von fiktiven oder realen Personen gleichsam vor Leidenschaft. Das kam, wie es scheint, aus einer wahren Besessenheit, die ihn ständig dazu trieb, seine Einfälle, seine Erlebnisse, seine Begeisterung für große und faszinierende Menschen in Worte zu fassen, und ihm keine Muße gönnte zur sorgfältigen Wahl seiner Mittel, zur Bändigung der Form.

In seiner frühen Jugend bekannte er sich zu einer »leichtsinnigen und eigensinnigen Arbeitsweise«: Er habe bereits Hunderte von Manuskripten verbrannt, »geändert oder umgearbeitet noch nie eine Zeile«. Und obschon er später stets bemüht war, den Inhalt seiner Bücher zu straffen, zu komprimieren und zu destillieren, ließ er unangetastet, ja schwelgte wohl sogar in dem, was an ›purpurnen‹, an pathetischen Passagen in ihnen enthalten war.

Und warum auch nicht? Sein Ruhm gab ihm recht. Es ist heute, in den Tagen der Simmel, Konsalik und de Jong nicht mehr vorstellbar, welch breite Leserschichten durch Literatur von Rang zu erreichen waren.

Seine ›Sternstunden der Menschheit‹, in allen Schulen obligat, brachten es in kurzer Zeit in der Insel-Bücherei auf 250 000 Exemplare. Von jeder seiner Veröffentlichungen waren am ersten Tag zwanzigtausend Exemplare verkauft, noch ehe die Zeitungen sie angekündigt hatten. Seine Novellen wurden dramatisiert, öffentlich rezitiert, verfilmt. Er war, laut einer Erhebung des Völkerbundes, der meistübersetzte Autor dieser Erde.

Wer ihm aber, einer immer wiederkehrenden und tatsächlich fragwürdigen Hypertrophie seiner Sprache wegen, jenen literarischen Rang nicht zugestehen wollte, ging fehl und war häufig motiviert von Mißgunst und Neid. Denn nicht nur stützte sich alles, was Stefan Zweig schrieb, auf die genauesten Recherchen und Quellenstudien, nicht nur enthielt es Einsichten, Aufschlüsse, Wahrheiten von hohem erzieherischen Wert, es war auch getragen von einem unerschütterbar humanen Weltbild.

Betrachtet man dieses Werk, dieses Schicksal, dann wird man zu einem Vergleich mit Hofmannsthal geradezu hingedrängt. Beide, Zweig und er, stammten ja aus ähnlichem Milieu, obschon Hofmannsthals Familie geadelt worden und auch genealogisch ins Christentum eingegangen war. Ererbter Wohlstand verbunden mit überwiegenden kulturellen Interessen, eine »geheime Sehnsucht, durch Flucht ins Geistige sich aus dem bloß Jüdischen ins allgemein Menschliche aufzulösen«, wie Zweig es formulierte, zeichnete ja die Söhne und Töchter dieser emanzipierten und assimilierten Wiener Großbürger und Industriellen aus.

Freilich kam Stefan Zweig, sieben Jahre nach Hofmannsthal geboren, zu spät für den Kreis Jung-Wien, zu spät für jene literarische Bewegung, die 1897 mit dem Café Griensteidl »demoliert« wurde. Aber Loris, der als sechzehnjähriger Gymnasiast, ein »wunderbares und einmaliges Phänomen«, ans Licht der Öffentlichkeit gedrungen war, galt des sechzehnjährigen Gymnasiasten Zweig erste Bewunderung und Liebe. Er ging zu einem seiner Vorträge, er lernte ihn kennen, er dichtete, wenngleich er inzwischen Baudelaire, Mallarmé, Whitman für sich entdeckt hatte, zunächst nach seiner Art und in seinem Sinn.

Gleichwohl wurde er, als 1901 sein Lyrikband ›Silberne Saiten‹ erschien, bereits aus der Nähe seines Vorbildes verbannt und in die eigenen Grenzen verwiesen. Karl Kraus war es, der trotz seiner Vorbehalte gegenüber jenen Griensteidl-Décadents in der ›Fackel‹ aufbegehrte, als der damalige Feuilletonredakteur der ›Neuen Freien Presse‹, Theodor Herzl, den Jüngling Zweig zu jenen neuen Talenten zählte, »die ungefähr das können, was der junge Hofmannsthal konnte«. Es sei »eine Frechheit, die man auch einem Judenkönig nicht ruhig hingehen lassen« könne, »diese armen Teufel mit Hugo von Hofmannsthal in einem Athem zu nennen«. Herr Zweig sei ein »Formtalentchen«, nicht mehr. Und wie oft, wie gewaltig Karl Kraus sich auch irrte, ein Korn Wahrheit blieb hier bestehen: den Abstand zwischen sich und Hofmannsthal zu verringern, gelang Stefan Zweig sein Leben lang nicht, so viele, so bedeutende Werke er auch, vor allem in den letzten Schaffensjahren, hervorbringen sollte. Es half nicht einmal, daß er schließlich als Textdichter für Richard Strauss in seine Fußtapfen trat.

Immer aber blieb er, der seine frühe Begeisterung für Hofmannsthal nie widerrufen sollte, in dessen Bannkreis. Wie ein Zerrbild seiner selbst muß Hofmannsthal ihn gesehen haben, als Zweigs Laufbahn immer steiler aufwärts führte, bis er als der Weltbürger und Träger aller kulturellen Überlieferung ausgewiesen war. Im Zeichen dieses Europäer- und Kosmopolitentums, der Bezüge zu den geistigen Größen aller Zeiten und Länder, von Goethe bis George, von Victor Hugo bis Maurice Barrès, von Walter Pater bis Gabriele d'Annunzio, war Loris angetreten, aber Zweig überflügelte ihn darin bald.

Seine ausgedehnten Reisen vor dem Ersten Weltkrieg, bis Indien und Amerika, vor allem aber nach Brüssel, London und Paris, seine Besuche bei Rodin – Rilke nachempfunden – oder Yeats, seine bald geschlossenen Freundschaften mit Verhaeren, Valéry, Romain Rolland, Jules Romains, G. A. Borgese, aber auch Rathenau: all das zeichnete Zweig schon als aufreizende Gegenfigur zu Hofmannsthal aus, lange bevor er zu der ihm gemäßesten und von ihm souverän gehandhabten Gattung der Monographien, Biographien und historischen Miniaturen gefunden hatte.

Vor allem aber: als der eine von seiner tiefen Sprachkrise ergriffen worden war, hatte der andere, von einem wahren Sprachzwang befallen, bereits mit seiner vielfältigen und gewaltigen Produktion begonnen. Unablässig floß es aus seiner Feder, über fünfzig Titel in den vierzig Jahren zwischen 1901 und 1941, kein Stoff, den er sich vorgenommen und nicht bewältigt hätte, keine literarische Form, in der ihm der Erfolg nicht treu geblieben wäre, sei es die Novelle (›Amok‹, ›Vierund-

zwanzig Stunden aus dem Leben einer Frau‹), das Theaterstück (›Jeremias‹, ›Volpone‹), die »Typologie des Geistes«, wie er seine Dichterpor-
träts nannte, seien es die Lebensbeschreibungen von Marie Antoinette,
Maria Stuart und des Erasmus von Rotterdam.

Während des Weltkriegs, als Thomas Mann »im anderen Lager stand«,
Rilke sich »jeder Aktion entzog«, Dehmel sich »kindlich-patriotisch«
benahm und auf Hofmannsthal und Wassermann, wie ihn »private Gespräche belehrten, nicht zu zählen war«, hatte Zweig auch noch eine
klarere pazifistische Haltung bezogen als fast alle anderen Schriftsteller
deutscher Sprache. Er versuchte vergeblich, mit Rolland ein internatio-
nales Treffen europäischer Geister in der Schweiz zustande zu bringen,
und wagte mit seinem ›Jeremias‹ – 1917, zwei Jahre vor der Veröffentlichung der ›Letzten Tage der Menschheit‹, in Zürich uraufgeführt –
ein, wenn auch parabolisches Drama gegen den Krieg. Daß damals die
›Frankfurter Zeitung‹ denunzierend nach Deutschland berichtete, es
hätten der amerikanische Gesandte und einige prominente alliierte
Persönlichkeiten der Premiere beigewohnt, beunruhigte ihn »nicht
sehr«.

Was aber war die Wurzel seines Erfolges? In dem kürzlich erschiene-
nen ›Stefan-Zweig-Buch‹ meint sein Bewunderer Max von der Grün, es
würden in der Literaturgeschichte vor allem seine Essays und seine
Monographien bestehen bleiben. Das mag wohl sein, und ebenso kann
man vermuten, ihre Wirkung hätte die seiner fiktiven Prosa gleichsam
mitgerissen, denn all diese Erzählungen, selbst die letzte und vielge-
lobte ›Schachnovelle‹, reichen an die Schnitzlers – denen sie am nächsten stehen – nicht heran.

Zweig wird ein besonderes Einfühlungsvermögen in das Seelenleben
seiner imaginierten wie der historischen Figuren nachgesagt, aber nicht
an ihn hatte Freud geschrieben, daß er »durch Intuition – eigentlich
aber in Folge feiner Selbstwahrnehmung – alles das gewußt habe«, was
er, Freud, »in mühseliger Arbeit an anderen Menschen aufgedeckt«. Ja,
Freud scheint, wie Zweigs Biograph Donald A. Prater anmerkt, »von
dessen amateurhaftem Psychologieverständnis nicht sehr begeistert«
gewesen zu sein, und war keineswegs davon entzückt, in dem Tripty-
chon ›Die Heilung durch den Geist‹ mit Mesmer und Mary Baker-Eddy
von ihm verarbeitet zu werden. Gleichwohl hat Zweig ihn über alles
verehrt. In seiner erschütternden Grabrede für Freud sagte er im September 1939 in London: »Wir alle hier sind im geistigen Sinne nicht ein

tausendstel Teil so lebendig wie dieser große Tote hier in seinem engen irdischen Sarg.«

An seinem meistverkauften und seinem wohl auch meistgelesenen Buch, den ›Sternstunden der Menschheit‹, kann man Zweigs siegreiche Methode am deutlichsten erkennen. Er macht Geschichte spannend, nicht indem er sie vergewaltigt, sondern indem er sie dramatisiert. Er bringt Ordnung in die Ereignisse, ohne ihnen irgendeinen Sinn aufzuzwingen, sei es den des historischen Materialismus, sei es den Spenglers oder Toynbees, und er tut es mit Hilfe von Arrangements, die keiner anderen Kunst so sehr gleichen wie der des Films. Er macht anschaulich, er vergegenwärtigt, wie dieser es in knappen Bildausschnitten und signifikanten Szenen zu tun vermag.

Wenn er etwa, in dem Essay ›Die Weltminute von Waterloo‹, eine Beschreibung der Truppenparade gibt, die Napoleon am Morgen der Schlacht abhält, glaubt der Leser tatsächlich, den Schicksalsaugenblick mitzuerleben. Mit Hilfe einer zuweilen schwülstigen, meist aber erstaunlich knappen, gedrängten und transparenten Sprache entreißt er ein Stück Vergangenheit dem Vergessen, der Totenstarre der Geschichtsbücher, stattet es mit Lebenswärme aus, verleiht ihm Präsenz.

Wie aber hat er selbst gelebt, wie hat er diese unfaßliche Fülle an Hervorbringungen, wie all die Reisen, die Korrespondenzen, die Quellenstudien, die Suche nach erlesenen Autographen bewältigt? Aus seinem großartigen Erinnerungsbuch ›Die Welt von Gestern‹, in dem er seine eigene Existenz und seine Epoche bis zum Ausbruch des Zweiten Weltkriegs beschreibt, geht es nicht hervor. In diesen Memoiren hat er ausgespart, was die unerläßliche Voraussetzung für seinen arbeitsreichen Alltag wie für die komfortable Abwicklung seiner Streifzüge war: die Frauen an seiner Seite.

Friderike Maria Zweig, geborene Burger, geschiedene von Winternitz, die mit ihm in Salzburg hauste, wo Hofmannsthal – der laut dem Shaw-Übersetzer Trebitsch »eine kaum begründbare Abneigung, eine Idiosynkrasie« gegen ihn hatte –, ihn von jeglicher Teilnahme an den Festspielen wie an Reinhardts fabulösen Empfängen ausschloß, wo aber in seiner Villa am Kapuzinerberg halb Europa zu Gaste war. Und Lotte Zweig, geborene Altmann, das häßliche asthmaleidende Mädchen, das seine letzten Jahre mit ihm teilte und nicht schuldlos daran war, daß eine seiner zyklischen Depressionen ihn zum Selbstmord trieb.

Die Lebensgefährtin und die Sterbensgefährtin hatten all ihre Kraft seinem Werk gewidmet, und er, der »Sanfte, Grundgütige« (Thomas Mann), gleichwohl in seinem Verhalten zu Frauen »von mehr als einem Hauch von Sadismus« (Prater), nahm es als selbstverständlich hin.

War er das wirklich, sanft, grundgütig, zudem »uneitel, bescheiden, ein stiller und großmütiger Helfer«, wie Siegfried Trebitsch ihn nennt? Zweifellos, wenn man ihm zugleich die Egozentrik des von seinem Schaffenswillen Getriebenen zubilligen will. Er verurteilte an sich selbst die Konzilianz, die Unentschiedenheit, den Mangel an Mut, an denen auch seine Schlüsselfigur litt, Erasmus, mit dem er sich identifizierte. Castellio, dem Widersacher Calvins, den er in dem Buch ›Ein Gewissen gegen die Gewalt‹ aus dem Dunkel der Jahrhunderte hob, hätte er lieber geglichen. Er befaßte sich mit dem einsamen Kampf dieses Humanisten und Protestanten gegen die theokratische Diktatur in Genf, gegen Calvins Terror, 1936 in seinem Londoner Exil. Schon der Vorspruch, Sebastian Castellios Schrift ›De arte dubitandi‹ aus dem Jahr 1562 entnommen, machte die Parallele augenfällig, um die es ihm ging: »Die Nachwelt wird es nicht fassen können, daß wir abermals in solchen dichten Finsternissen leben mußten, nachdem es schon einmal Licht geworden war.«

Ein Castellio, der bittere Armut auf sich nahm, seine Freiheit und sein Leben wagte, um Widerstand gegen die Despotie im Namen einer verblendeten Idee zu leisten, wäre der Mann, der lange vor dem Anschluß aus Salzburg nach London floh, aus London nach Bath, aus Bath nach New York, aus New York nach Südamerika, aus Petropolis in den Tod, gern gewesen. Daß er ihm ein Denkmal gesetzt hat in dem vielleicht schönsten und wichtigsten seiner Werke, rechtfertigt seinen Anspruch auf jenen Ruhm, der ihm so reichlich zugeflossen und der doch niemals unbestritten war.

(1981)

Stefan Zweig aus dem Nachlaß.
Über ›Rausch der Verwandlung‹

Gab es bisher neben den vielgelesenen Biographien, Essays und Novellen Stefan Zweigs, der vor vierzig Jahren in den Freitod ging, nur einen einzigen Roman, ›Ungeduld des Herzens‹, taucht jetzt ein zweiter auf: ›Rausch der Verwandlung‹. Sicher darf man die späte Bergung aus dem Nachlaß eines der erfolgreichsten Schriftsteller seiner Zeit als kleine Sensation werten. In der Werbung des Verlags allerdings ist sie noch mehr, nämlich eine »Sternstunde für seine Leser«.

Ist sie das?

Stefan Zweig hat den Roman 1931 begonnen, ihn nach der Niederschrift einer knappen Hälfte beiseite geschoben und den Faden erst gegen Ende seines Lebens im Exil wiederaufgenommen. Dazwischen lag der Versuch, zusammen mit Berthold Viertel aus dem Stoff ein Filmspiel zu schöpfen, das seinerseits Jahrzehnte später vom Fernsehen realisiert wurde. Solche und andere Fakten, gewissenhaft vermerkt, sind dem Nachwort des Herausgebers zu entnehmen, der auch seine geringen, auf die Richtigstellung offenkundiger Irrtümer beschränkten Textretuschen einbekennt.

Was er weder bieten wollte noch konnte, wäre ohnehin nicht statthaft gewesen: Die Nachlieferung der stilistischen Revision, der Zweig im Falle einer Drucklegung zu seinen Lebzeiten das Manuskript bestimmt unterzogen hätte – schon um die Sprachmuster zweier Schaffensperioden miteinander zu verschmelzen.

Sie sind verblüffend augenfällig. Wer lange keinen Stefan Zweig gelesen hat, wird urplötzlich an die sprachlichen Eigenwilligkeiten erinnert, die bis nach der Mitte seines Schaffens für ihn charakteristisch waren. An den häufigen Verzicht auf Hilfszeitwörter, mit dem er gleichsam deutsche Klassik und Romantik apostrophierte, unstimmige Wort- und Satzgebilde, mit denen er Stimmungen malte, einen sanft ins Impressionistische zurückgenommenen Nachhall von Expressionismus.

»Zärtlich leise streichelt sie der Schlafenden über das blond atmende Haar«, liest man da beispielsweise. Oder: »Vom Frühstückstisch staunten die beiden alten Leute auf.« Und »sportgemuskelt« ist jemand, »ausgemüdet« oder »durchschüttert«.

Die Kostproben sind um keiner Beckmesserei willen herausgegriffen; sie sollen nur etwas von den Sprachmanierismen andeuten, mit denen Zweig in grauer Vorzeit mehr Anhänger gewann als verschreckte, und die heute den umgekehrten Effekt haben könnten.

Bewußt oder nicht hat er diesen sprachlichen Treibhausblüten zuletzt fast völlig entsagt. Sein Spätstil verrät es auf Anhieb – gerade in diesem Buch, zwischen dessen Beginn und Weiterführung rund zehn entscheidende Jahre liegen. Nahezu unbelastet von den Sprachwucherungen des ersten Teils ist der zweite, in dem Wortlogik und Bildhaftigkeit harmonisch beieinander wohnen. (»Weil es Sonntag ist, haben sie sich Pomade ins Haar und Vergnügen auf die Gesichter geschmiert.«)

Das gehört zur Problematik posthumer Editionen: Zweig allein hätte die beiden Sprachebenen miteinander versöhnen können – im posthum veröffentlichten Text bleiben sie für immer unversöhnt. Überdies bleibt offen, ob Zweig sich endgültig für den Titel ›Rausch der Verwandlung‹ entschieden hätte, der höchstens den halben Inhalt abdeckt, ob er nicht manche Sentimentalität ein wenig gemildert und vielleicht gar einen »richtigen« Schluß geschrieben hätte. Aber natürlich kann er den vorliegenden auch gewollt haben. Er ist nüchtern wie bei Kafkas nachgelassenen Romanen, zwar zu einem Kriminalfall geschürzt, begnügt sich jedoch mit dessen peinlich genauer Planung und dem Vorsatz zur Tat.

Die Handlung? Sie zerfällt wie das Sprachgewebe in zwei Teile. Erst erliegt die Roman»heldin« dem Rausch – oder eigentlich der Verführung – eines vorübergehenden Identitätswandels. Dann streben zwei junge Menschen, Strandgutexistenzen der zwanziger Jahre, zueinander und aus Angst, mitsamt ihrer Neigung an ihrem Elend zu scheitern, ins Verderben. Schauplätze sind Niederösterreich, Wien und ein Schweizer Nobelkurort.

An Spannung fehlt es nicht, noch an einzelnen verdichteten Situationen, die den Autor als jüngeren geistigen Weggefährten von Freud und Schnitzler kenntlich machen. Und irgendwo am Weg zur – ausgesparten – Klimax der Erzählung stößt man betroffen auf Stefan Zweigs visionäres Credo für den eigenen Abgang:

»Es ist vielleicht das einzige Stück Freiheit, das man sein ganzes Leben lang ununterbrochen besitzt, die Freiheit, das Leben wegzuwerfen.«

(1982)

Stefan Zweigs subrealistische Geschichtsschreibung

[...] Stefan Zweig – und ich beziehe mich hier ausschließlich auf seine ›Sternstunden der Menschheit‹ – ist ein exemplarischer Subrealist. Sozusagen ein Altmeister. So wie er hat wohl kaum einer seiner geistigen Nachfahren Geschichte entwirklicht und »in die Sterne« gehoben. Trotzdem: Weshalb Zweig?

Weil Zweig nicht einer von anno dazumal ist, ein Fossil, das man in literarischen Museen ausstellt. Nein: er wird *heute gelesen* – so unglaublich das klingen mag. ›Sternstunden der Menschheit‹ gilt nach wie vor als gute Jugend- (und Erwachsenen-)Lektüre, lehrreich und unterhaltsam; ein richtiger »Longseller«, wird dauernd neu aufgelegt. Wollen uns das mal anschauen.

[...]

Das vorliegende Buch von Stefan Zweig ist wohl ein Musterbeispiel der sogenannten »Bildungsliteratur«. Man kann davon ausgehen, daß diejenigen, die wissen wollen, wie, wann, wo und durch wen die Menschheitsgeschichte entscheidende Impulse erhielt, von einer gewissen bildungsbürgerlichen oder bürgerlichen Bildungs-Neugier getrieben sind. Die sprachlichen Ekstasen (wo wären die nicht unangemessen und kitschig!), in denen er die »großen Dinge« hier beschrieben findet, sind Markenzeichen des Buches. Sie untermauern die Autorität des Autors als Bildungs-Führer. Denn ein Autor, der so große, hehre Worte machen kann (auch die Humorlosigkeit ist hier Markenzeichen!) – wie wäre der nicht berufen, über Großes zu berichten? Man spürt, dieser Autor kann sich da einfühlen, der erlebt das alles selber mit und führt den Leser mit sich in diese Sphäre, läßt auch ihn ein wenig teilhaben. Man kann ihm gerade noch folgen.

Das Buch handelt von Rekorden wie das Guinessbuch der Rekorde: Goethe – der älteste Liebhaber, Händel – in nur drei Wochen den ›Messias‹ komponiert, Suter – der reichste, freilich auch der ärmste Mann der Welt. Das sind Spitzenwerte, Rekorde. Aber es sind Rekorde einer »gebildeten« Schicht, einer Schicht, die selbst eine Spitzenniederlage als Extremwert zu schätzen weiß und über die längste Wurst der Welt, den kleinsten Schuh der Welt nur ein nachsichtiges Lächeln übrig hat. Daß aber Rekord und Rekord nur zweimal ein und dieselbe Sache ist, das weiß sie nicht. Darin ist die Bildungsbürgerschicht Teil der unaufgeklärten Leser*masse*, daß sie die Ideologie, aus der ein solches Buch entstehen konnte, selber interiorisiert hat und das nicht weiß – nicht wissen will. Deshalb liegt dieses Buch so goldrichtig, weil es dieses Wissen nicht vermittelt, die gemeinsame Ideologie strikt verborgen hält.

Zweig ist ein Sohn jenes Musilschen »Kakanien«. Aber er hat im Gegensatz zu Musil den Zusammenbruch des Kaiserreiches nicht reflektiert und wohl auch nie akzeptiert. Er pflegt im Gegenteil weiterhin eine konfuse »Größe«-Nostalgie und eine europäische, geistige Individualität, die in der Art doch wohl schon zu seinen Lebzeiten ein Gespenst aus der Vergangenheit war.

Vielleicht hat einiges (sicherlich die faschistische Kriegsbegeisterung) seinen europäischen Weg in die Zukunft vorgezeichnet. Aber er wollte ihn nicht gehen. Er ging nach Brasilien, schrieb dort ein Erinnerungsbuch mit dem Titel ›Die Welt von Gestern‹ und nahm sich das Leben.

Er wäre wohl gern als Genie unsterblich geworden. So schrieb er eben, ein sterblicher Mann durchaus, nur *über* Genies. Er suchte verzweifelt nach dem Außergewöhnlichen und merkte wohl gar nicht, daß, was er da fand, gerade eben das Außergewöhnliche war. So reproduzierte er nur die kapitalistische Sucht nach Superlativen, die er in anderen Belangen wohl gar nicht zur Kenntnis nahm. Denn sicherlich ist er nicht (wie etwa Simmel) ein zynischer Geschäftsmann der Literatur. Nein, *er* spurte auf den Zeitgeist ein, indem er dem Zeitgeist entfliehen wollte. Dieser Widerspruch aus Naivität mag ihm auch die Anerkennung der Literatenschicht sicherstellen. (Etwa der deutsche Literaturhistoriker Fritz Martini attestiert ihm die »Kunst der sorgsam gefeilten, nuancierten Prosa«!) Wer Thomas Mann zum Goethe des 20. Jahrhunderts emporstilisiert, der findet in Zweig auch seinen Grillparzer. Diese Prosa vermittelt den oberflächlichen Eindruck tiefschürfenden Wissens um die geheimsten Dinge der Menschheit – und ist leicht verständlich. Das vor allem ist ein untrügliches Merkmal der »Bildungsliteratur«. Und da würde ich unserm Zweig auch sein wohlverdientes Denkmal (der übergroße Wunsch ist auch Verdienst) setzen: etwa zwischen Hesse und Ernst Jünger.

(1984)

MICHAEL ALTHEN

Die toten Jahre.
›Clarissa‹, ein Romanentwurf von Stefan Zweig

»Lieber Freund«, schrieb Stefan Zweig im September 1941 an Berthold Viertel, »wir gehen jetzt ganz in die Einsamkeit, aber es ist wenigstens eine schöne Einsamkeit und weiter weg von der Zeit. Hoffentlich kann ich gut arbeiten.« Damals zog Zweig mit seiner zweiten Frau Lotte nach Petropolis, einem zwei Stunden von Rio entfernten Gebirgsort, wo sie einen kleinen Bungalow gemietet hatten. Seine Hoffnungen sollten sich dort jedoch zerschlagen. Zwar schrieb er seine Autobiographie ›Die Welt von Gestern‹ ins reine, arbeitete an seinem Balzac und an verschiedenem anderem, vor allem der ›Schachnovelle‹, »herum«, aber schon im Oktober fühlte er »immer Sorge um die Produktion, die ohne Zufuhr auslöschen muß, wie ein Licht ohne Sauerstoff«. Es fehlt ihm fernab von der Welt »der ›élan‹ beim Schreiben«, alles geschehe »ohne rechte Intensität«, es sei »eher ein Weitermachen aus alter Gewohnheit als wirkliches Schaffen«, er arbeite nur, »um nicht melancholisch oder irrsinnig zu werden«.

Aber außer den bekannten Arbeiten aus Stefan Zweigs letztem Lebensjahr gab es noch ein weiteres Vorhaben. Dazu schrieb Zweig Ende Oktober 1941 an seine erste Frau Friderike: »Ich träume von einer Art österreichischem Roman, aber dazu müßte ich zehn Jahrgänge Zeitungen durchlesen, um die Einzelheiten zu bekommen – das ginge nur in New York, und dahin will ich auf absehbare Zeit nicht zurück.« Und Ende Januar 42 wieder an Viertel: »Ich arbeite etwas, und habe auch einen Roman angefangen, aber liegengelassen; ich fühle zur Zeit die Unvereinbarkeit, isolierte Ereignisse zu schildern, die nur teilweise mit unserer Zeit etwas zu tun haben.« Von dem erwähnten Vorhaben hörte man nie wieder etwas. Noch 1980 schrieb Donald Prater in seiner Biographie, von jenem Projekt sei »nach seinem Tode nichts aufgefunden worden«. In der herrlichen Ausgabe der Gesammelten Werke von Stefan Zweig bei Fischer ist dieses Romanfragment nun erschienen, das offenbar schon 1981 bei Recherchen im Nachlaß gefunden wurde.

Schon einmal, 1982, war ein Roman aus dem Nachlaß erschienen, ein in den frühen Dreißigern entstandener Entwurf, der als ›Rausch der Verwandlung‹ herausgegeben wurde. Zu ›Ungeduld des Herzens‹, dem einst vermeintlich einzigen Roman Zweigs, gesellt sich nun also noch ein drittes Romanprojekt, das nach seiner Hauptfigur vom Herausgeber Knut Beck ›Clarissa‹ genannt worden ist. Worum es sich dabei handelt, beschreibt am besten die Eintragung auf der ersten Seite des Manuskripts, von der Beck glaubt, Zweig habe sie in den letzten Stunden vor dem Selbstmord beim Ordnen seiner Papiere gemacht: »Roman im ersten Entwurf begonnen, die Welt von 1902 bis zum Ausbruch des Krieges vom Erlebnis einer Frau gesehen. Nur erster Teil scizziert, der Anfang einer Tragödie, dann für die Arbeit am Montaigne unterbrochen, gestört durch die Ereignisse und die Unfreiheit meiner Existenz. Stefan Zweig November 41 bis Februar 42.«

Clarissa Schuhmeister erlebt in ihrer unvollendeten Rückschau etwas, was Zweig in seinen Tagebüchern schon sehr früh beklagte, »wie matt, wie gefährlich, wie krankhaft matt mein Gedächtnis geworden ist«, und »daß ich keinen Besitz am Vergangenen habe«. So beginnt auch das Romanfragment: »Wenn Clarissa in späteren Jahren sich bemühte, ihr Leben zu besinnen, wurde es ihr mühsam, den Zusammenhang zu finden. Breite Flächen schienen wie von Sand überweht und völlig undeutlich in ihren Formen, die Zeit selbst darüberhinschwebend, unbestimmt wie Wolken und ohne richtiges Maß.« Was hier entworfen wird, ist das Bild einer von ihrem Zeitalter betrogenen Frau, ein vom Lauf der Welt umgeschriebener Lebenslauf.

Clarissa lernt 1914 auf einem Kongreß in Luzern den Franzosen Léonard kennen und lieben, und nichts scheint ihr Glück trüben zu können – bis plötzlich der Krieg ausbricht und aus ihrem Geliebten ein Feind, aus ihrer Liebe eine Unmöglichkeit wird. Beide müssen zurück in ihre Heimat, in der Hoffnung, alles werde bald vorübergehen. Zu Hause in Wien arbeitet Clarissa im Lazarett und stellt bald fest, daß sie schwanger ist. Sie bekommt das Kind, aber weil sie von Léonard nichts hört, wird sie in ihrer Not einen ihr zugetanen, aber fremden Mann heiraten. Eine der schrecklichen Launen des Schicksals hat sie so um ihr Glück gebracht, und als ihr auch noch ihr Vater nach dem Krieg voller Verachtung einen Packen Briefe von Léonard hinwirft, die er unterschlagen hatte, weil sie vom »Feind« kamen, da weiß sie nur noch: »Jetzt war es zu spät, sie mußte die Lüge weiter leben.« Der Roman bricht dann mit einer lapidaren Eintragung für die Jahre 1921–1930 ab: »Das waren für Clarissa die toten Jahre. Sie hatte nur das Kind.«

Knut Beck hat mit der Herausgabe dieses Fragments den Versuch gewagt, »eine vertretbare geschlossene, wenn auch naturgemäß nur nachempfundene, also nicht in jedem einzelnen Satz authentische Fassung zu erarbeiten«. Im Anhang kann man an einem Editionsbeispiel sehen, welche Arbeit das gewesen sein muß. Da hetzt Stefan Zweig über weite Strecken ohne Subjekte und Prädikate über die Seiten, nur die nötigsten Anhaltspunkte für eine spätere Reinschrift hinterlassend. Vielleicht sollte man sich diesen Roman wie einen Film vorstellen, als sehr werkgetreue Adaption, bei der Zweig das Drehbuch geschrieben und Knut Beck Regie geführt hat. Da fehlt im Nachwort ein Hinweis auf Zweigs Gewohnheit, wo verglichen werden müßte, inwieweit sich bei den bekannten Büchern seine ersten von den endgültigen Fassungen unterschieden haben.

Für die Lektüre ist das kein Nachteil. Alles, was Zweig auszeichnet, findet sich auch in ›Clarissa‹: die unvergleichlich bildhaften Charakterstudien, die auf den Moment hingespannten Lebensläufe, die auf Erfüllung drängenden Schicksale. Clarissas Leben ist wie Zweigs andere Biographien suggestiv im Psychologischen und eindringlich im Atmosphärischen. Es ist das Porträt einer Frau, die gesagt bekommt, »Man spürt Sie kaum, und Sie selbst spüren sich vielleicht nicht genug«, und die in dem Moment, wo ihre Emotionen beginnen, Konturen anzunehmen, schon wieder aus der Bahn geworfen wird. ›Clarissa‹ erzählt von der Tragödie eines nicht gelebten Lebens.

Für das Grauen der »toten Jahre« fand Stefan Zweig keine Worte mehr. Er sah sie selber nahen, hatte die Kraft zu Hoffnung und Illusionen verloren. Seine »schwarze Leber«, wie er seine Depressionen scherzhaft nannte, nagte an ihm, fernab der Freunde, der Sprache und der Bücher, die ihm alles bedeuteten. Am 22. Februar 1942 nimmt er mit seiner Frau Lotte zusammen Veronal und scheidet freiwillig aus dem Leben. Sein Abschiedsbrief endet mit den Worten: »Ich grüße alle meine Freunde! Mögen sie die Morgenröte noch sehen nach der langen Nacht. Ich, allzu Ungeduldiger, gehe ihnen voraus!«

(1990)

Triumph und Tragik des Stefan Zweig

1931 hieß es in der ›Neuen Freien Presse‹: »Der heute in der ganzen Welt gelesenste Schriftsteller deutscher Sprache, Neugestalter der Biographie, Zeuge und Darsteller alles zeitlichen Ruhms – wer hätte diesen Aufstieg gerade von ihm erwartet, der mit sehr zarten Versen begann...«

Eine Hommage an Stefan Zweig? Erstaunlicherweise nur indirekt, denn die Lobeshymne stammt von Zweig und gilt einem gleichaltrigen Kollegen: Emil Ludwig zum 50. Geburtstag. Ludwig sollte elf Jahre danach Gelegenheit haben, sich für die ihm erwiesene Aufmerksamkeit endgültig zu revanchieren. Dem eben von eigener Hand gestorbenen und tatsächlich »gelesensten Schriftsteller deutscher Sprache« Stefan Zweig schickte er nämlich via ›Aufbau‹ in New York einen Offenen Brief ins Jenseits, der mit dem Bekenntnis schließt: »Das eine aber darf ich unter uns Männern gestehen: daß in all Ihren glänzenden Werken, die ein so großes Monument Ihres Lebens hinterlassen, mich nichts so sehr ergriffen hat, wie Ihr Tod.« Es war wohl – im Sinne von Pietät und pflichtgemäßer Erschütterung – nett gemeint, allein die verräterische Sprache bringt die Wahrheit an den Tag: Selten äußert sich unbewußte Befriedigung über das Ausscheiden eines ungeliebten Konkurrenten so unverhohlen wie in diesem Fall, der nicht zuletzt das Schicksal des vermeintlichen Glückskinds Stefan Zweig illustriert. Trotz aller Prominenz war der Millionärssohn, dem Tantiemen und Lorbeer nur so zuflogen, innerhalb seiner Zunft keineswegs besonders geachtet, er wurde gern von oben und manchmal auch von unten herab behandelt, im Bezirk der Literatur nicht wirklich ernst genommen. Auch posthum blieb ihm solch trauriges Los nicht erspart. Nur ein paar von unzähligen Beispielen: 1981 placierte ihn das Hamburger Satiremagazin ›Titanic‹ auf Rang 2 einer recht speziellen Bestenliste: ›Die sieben peinlichsten Persönlichkeiten‹, und zwar mit der Begründung: »Kommen wir zu den Kitschiers. St. Zweig war ganz gewiß einer. Seine ›Sternstunden der Menschheit‹ sind der Beweis. Sie funkeln immer noch wie eitel

Speckschwarte.« Über ein wissenschaftliches Symposium zum Thema Stefan Zweig berichtete im selben Jahr die Wiener ›Arbeiterzeitung‹ unter der Schlagzeile ›Eine entbehrliche Renaissance‹, und Hans Weigel wies 1989 bei einer Umfrage zu den »überschätztesten Büchern der Literaturgeschichte« dem ›Joseph Fouché‹ den dritten Platz zu (hinter Schillers Lyrik und Werfels ›Das Lied von Bernadette‹). Juror Weigel: »Erst in fortgeschrittenem Alter habe ich erkannt, wie schlecht der Mann Deutsch konnte.«

Es wäre zu billig, die Diskrepanz zwischen dem schier schwindelerregenden Publikumserfolg Zweigs und dem vernichtenden Urteil von beglaubigten Experten – das Spektrum reicht immerhin von Karl Kraus über Robert Musil bis zu Hugo von Hofmannsthal und Thomas Mann – bloß mit der Unterstellung professioneller Häme zu erklären. Die Sache ist – weil eine des Stils und des Geschmacks – ein bißchen komplizierter. So hat Sigmund Freud, nebenbei einer der bedeutenden Prosaisten des Jahrhunderts, den Zweig fast bis zur Selbstaufgabe idealisierte und dessen gelehrte Theorien er fortwährend verkündete, den treu ergebenen Jünger nachweislich anerkannt. Als Zweig Freud die Essays ›Drei Dichter ihres Lebens. Casanova – Stendhal – Tolstoi‹ mit der charakteristischen Widmung »In unveränderlicher Liebe und Verehrung« übermittelte, bedankte sich der Beschenkte am 1. Mai 1928 mit dem brieflichen Kompliment: »Der Versteher Anderer hat es in Ihnen zur Meisterschaft gebracht, eigentlich liebe ich aber den Schöpfer (›Verwirrung der Gefühle‹) noch mehr.« Und in der Tat hatte Freud schon zuvor diese Novellensammlung und ausdrücklich auch deren titelgebenden Text als »Meisterwerk« gerühmt. Zweifellos war der Seelenforscher von den psychologischen Motiven, der veritablen ›Verwirrung der Gefühle‹ angetan, von der Unerschrockenheit, eine unmögliche Liebe zu behandeln – die eines Universitätslehrers zu seinem Schüler. Zweigs Diktion muß Freud dabei übersehen haben: »Und dieses glanzhafte Blau stieg auf aus den Augensternen, trat vor, drang in mich ein; ich fühlte, wie diese warme Welle von ihnen weich bis in mein Innerstes ging, strömend sich dort verbreiternd und zu seltsamer Lust das Gefühl mir dehnend: die ganze Brust ward mit einmal weit von dieser wölbenden quellenden Gewalt, und ich spürte einen großen Mittag italisch in mir aufgehen.« Das ließe sich kürzer sagen: Sein intensiver Blick aus tiefblauen Augen traf mich ins Herz. Alles andere, die Poesie à la Stefan Zweig, sind kandierte, in Stabreime verpackte Lesefrüchte, die von

Gymnasiasten jeglicher Altersstufe verschlungen werden, bei Kennern hingegen ob ihrer manierierten Süßlichkeit heftiges Unwohlsein hervorrufen. Der kleine Exkurs scheint deshalb nötig, weil nur anhand eines konkreten Beispiels die verblüffend widersprüchliche Rezeption dieses Œuvres zu begreifen ist – bewundert viel und viel gescholten und beides zu Recht.

Sogar offensichtliche Zustimmung zu Zweigs Produktion hatte zuweilen etwas Zweideutiges. Wenn Otto Flake 1927 Zweig aus Anlaß der ›Verwirrung der Gefühle‹ hochherzig »Begierde des Einfühlens« konzedierte, so klingt die ausführlichere Erläuterung dieser Gabe minder schmeichelhaft: »Sie ist sinnlich bis zur Lüsternheit. Sie ist von einer ungeheuerlichen Indiskretion. Sie schnallt aufs Brett, um Eingeweideschau zu treiben. Kein Frauenarzt wühlt sich tiefer ein.« Und was »Gefühl« als ästhetisches Stimulans betrifft, läßt sich Siegfried Kracauers Diagnose von anno dazumal schwerlich widerlegen: »Der Ton macht die Musik, und Zweig trifft (...) genau den Ton, der in kultivierteren Zirkeln anspricht, dort, wo der Geschmack umgeht und die Bildung spukt. Der Mittelstand und überhaupt die verarmten Massen verlangen statt des teuren Abstandes Herz, das kostenfrei ist. Das Gefühl ist alles, wenn alles andere fehlt.«

Auch in Zweigs essayistischen Schriften erzeugt eine gefühlige Instrumentierung leider oft schwülstige Programm-Musik. Unangemessen, beinah unangenehm wirkt die Emphase, mit der Zweig in seiner Kleist-Monographie das Irrationale weniger zu durchschauen als rhetorisch zu beschwören versucht: »aber wen der Dämon treibt, dem brennt kein Herd und wächst kein Dach«. Überhitzter Enthusiasmus bildet nicht immer die ideale Voraussetzung für klare Analyse: Metaphorik ungenügend. Weitaus gelungener sind jene Arbeiten, in denen Zweig »mit äußerster, kalter Wahrhaftigkeit und ohne jede Ausschmückung« ans beschreibende Werk ging, wie er es in der gleichsam en passant hingeworfenen Skizze seiner flüchtigen Bekanntschaft mit Otto Weininger tat. Trauer und Betroffenheit mobilisierten die besten Kräfte des Tagesschriftstellers, des Journalisten Stefan Zweig. In seinem Nekrolog auf den Freund Joseph Roth stört – anders als in jenem auf den demütig angehimmelten Hugo von Hofmannsthal – kein falscher Zungenschlag, wird das Pathos des Verlusts nicht durch Dekoration und kostbare Phraseologie entwertet.

Stefan Zweig war sicherlich auch in Kunstdingen kein Revolutionär, vielmehr Erbe und Sammler, der mit seinen beträchtlichen Talenten sachgerecht zu wuchern verstand. Gedichte bereiteten ihm – er hatte 1901 kaum zwanzigjährig mit dem Lyrikband ›Silberne Saiten‹ debütiert – keinerlei Schwierigkeiten, aber gerade darum sind seine Verse zu glatt und geschmeidig, zu elegant epigonal, um sich einzuprägen. Das ahnte der sensible junge Mann durchaus und schlug bald andere, ihm gemäßere Wege ein. Er wurde Feuilletonist, hochangesehen in den Spalten der tonangebenden, in »Kakanien« allmächtigen ›Neuen Freien Presse‹. Seine kultivierte Solidität, die bisweilen durch einen Hauch Ekstase einen Zug ins genialisch Verruchte bekam, der unbestreitbare Feinsinn und Scharfblick, Belesenheit und Takt machten seine publizistischen Hervorbringungen binnen Kürze zu einem international ab- und übersetzbaren Markenartikel. Mit sicherer Hand beherrschte er die Technik der dramatischen Zuspitzung, vor allem jedoch war er ein raffinierter Vereinfacher. Er popularisierte (oder wie ihm von intellektueller Seite vorgeworfen wurde: er trivialisierte) Gott und die Welt, Naturwissenschaft und Historie. Vielleicht tat er's nicht in jedem Detail exakt, im wesentlichen allerdings korrekt und anschaulich. Was ihn an Menschen interessierte, waren die Abgründe der Psyche mit besonderer Berücksichtigung der Triebe, andererseits aber der Götterfunke des Schöpferischen. Diesen suchte er zu erhaschen und zu bewahren, in jene leuchtete er mit nie erlahmender Neugier hinein, dem angeblich »Dämonischen« auf der Spur. Ein Geheimnis von Stefan Zweigs Wirkung seit Jahrzehnten liegt möglicherweise darin, daß er hemmungslos personalisierte. Aus den Objekten seiner artistischen Zuwendung wurden stets »Helden«, wobei er eine sympathische Schwäche für die heroisch gestrauchelten, die tragischen Gestalten hatte, für die Untergeher und Verlierer. Kein Wunder, daß der Epiker Zweig mit seiner Passion für unerhörte Begebenheiten in erster Linie als Novellist überzeugte, in der Großform des Romans indes nichts Gleichrangiges zu leisten vermochte.

Wer in deutschen Landen die Schule besuchte, kennt Zweigs in die Gefilde der geflügelten Worte aufgestiegenen ›Sternstunden der Menschheit‹, und nur Mißgünstige werden leugnen, daß hier ein Könner am Miniaturenwerk war, zahlreiche Passagen als spannende, prägnante Prosa gelten dürfen. Freilich merken wir jedem Satz an, daß und wie er gedrechselt ist, überwiegt somit das »Handwerkliche«, allein – was verschlägt's bei so viel Perfektion?

Stefan Zweigs zweite Domäne war das Grenzgebiet zum Sachbuch hin: die biographie romancée, das erzählte Leben, die phantasievoll ausgedeutete Geschichte. Nicht die Bestseller ›Marie Antoinette‹ und ›Maria Stuart‹ sind die künstlerisch befriedigendsten Versuche in diesem heiklen Genre, sondern die weniger bekannten Porträts ›Joseph Fouché‹ (1929) und ›Triumph und Tragik des Erasmus von Rotterdam‹ (1934). Beim einen haben wir die faszinierende, für Zweigs Verhältnisse geradezu lakonische Studie der amoralischen Macht, des machiavellistischen Charakters schlechthin vor uns. Sie vereint die Vorzüge der Zweigschen Schreibpraxis, ohne deren Nachteile – eine Vorliebe fürs Blumige und Sentimentale, für Ornamente und Klischees – einzuschließen. Der ›Erasmus‹ wiederum, schon unter dem niederschmetternden Eindruck des siegreichen Nationalsozialismus verfaßt, ist eine wundersame Spiegelgeschichte, das Selbstbildnis des humanistischen Künstlers als eines alternden Mannes, den der Fluch einer erbarmungslosen und unversöhnlichen Zeit ereilt: »und wehe denen, die abseits bleiben wollen und ihrem eigenen Bekenntnis anhängen: sie, die zwischen den Parteien und über ihnen stehen wollen, gegen sie wendet sich zweifacher Haß!« All jenen, die Stefan Zweig – vom Standpunkt erhabener Dichtung oder politischer Gewißheit – zünftig geringschätzen, seien beide Bände empfohlen. Sie beweisen, wozu dieser Homme de lettres imstande war, wenn er sich nicht selbst behinderte, durch den Hang zu »Effekten« unter sein Niveau gezogen wurde. Zusammen mit dem in der Emigration entstandenen Spätwerk – von ›Castellio gegen Calvin oder Ein Gewissen gegen die Gewalt‹ (1936) über die ›Schachnovelle‹, den monumentalen ›Balzac‹ bis zum ebenfalls aus dem Nachlaß edierten ›Montaigne‹-Fragment – markieren sie Höhepunkte in Zweigs Belletristik. Die Hypothek der Schmockerei scheint in ihnen gelöscht, Nüchternheit und Skepsis haben den Überschwang des allzu rasch begeisterten, ja exaltierten Anverwandlers fremden Daseins verdrängt. Ein Gleiches läßt sich von Stefan Zweigs im Oktober 1941 in Brasilien fertiggestellter Autobiographie ›Die Welt von Gestern‹ behaupten, deren Abweichen von der orthographischen Norm bezeichnend ist: Dieses Gestern wird ausnahmsweise mit gutem Grund groß geschrieben, da der Akzent ganz und gar auf der »recherche du temps perdu« liegt. Private Enthüllungen wird man in Zweigs Memoiren vergeblich suchen, die diesbezügliche Sparsamkeit grenzt an Geiz, denn nicht einmal seine erste Frau, Friderike Maria von Winternitz, wird darin erwähnt, desgleichen fehlen enge Freunde im Namenregister. Aber der in Lebensberichten häufig anzutreffende intime Mitteilungsdrang wurde von Zweig von vornherein unterbunden. Bereits am Beginn der Niederschrift hatte er angekündigt: »Ich werde Wien beschreiben, und das jüdische Wien, den Krieg und unseren Kampf in dem Krieg, unseren Aufstieg und unseren Untergang seit Hitler, die Erniedrigung und das Leben der ›sans patries‹.«

Geplant und ausgeführt wurde also das Charakterbild einer Epoche, des ausklingenden francisco-josephinischen Zeitalters, und sogar ein so kritischer Philologe wie Claudio Magris bescheinigte dem Sänger des habsburgischen Mythos Zweig: »er gab dieser Welt wohl ihr berühmtestes und populärstes Bild, die nun schon klassisch und fast obligat gewordene Dimension«. Daß dieses Bild einen Trauerrand hat und zwischendurch – aufgrund der eingestreuten, düster-melancholischen Andeutungen – einem Testament gleicht, mindert dessen Wert nicht, im Gegenteil: Um so kräftiger hebt sich das Strahlende von solchem Hintergrund ab. Nostalgie bestimmt die Perspektive des Rückblicks auf weiland Österreich-Ungarn, auf eine »Welt der Sicherheit« mit ihren scheinbar unumstößlichen Hierarchien, ihrem Kulturfetischismus und einer wie selbstverständlichen Toleranz. Aus dem jüdischen Großbürgertum stammend, von finanziellen Sorgen nie bedrängt, konnte sich Stefan Zweig ungestört seinen Ambitionen widmen. So malte er das Fin de siècle unter Habsburgs untergehender Sonne vorwiegend hell, durchflutet von Licht und schwarz-gelbem Glanz: Der Erklärer wurde zum Verklärer. Gleichwohl gibt es keine stimmigere Schilderung einer spezifischen Gesellschaftsschicht, die Besitz und Bildung unangestrengt genoß, sich binnen zweier Generationen von materiellen Interessen den spirituell-künstlerischen zugewandt hatte.

Stefan Zweig, das offenbart sich auch in seinen Erinnerungen, war eine europäische Institution, wahrscheinlich der Europäer par excellence im deutschen Sprachraum. Im Reich der Kunst gab es für ihn keine Grenzen: Er war ein Mann der humanen Mitte und verspürte die Berufung, Widersprüche aufzuheben und Gegensätze auszugleichen. Ob er für Emile Verhaeren oder Romain Rolland in seiner Heimat warb, ob er den russischen Genius Dostojewskij pries – die rastlose Tätigkeit diente einem Ziel: Barrieren abzubauen, Verständnis zu wecken, ein harmonisches, friedliches Miteinander zu fördern. Unzweifelhaft ein Projekt aus Utopia, und niemand hat das unvermeidliche Scheitern schmerzhafter, bitterer erfahren müssen als Stefan Zweig. Ein Pazifist, wenn auch nicht – wie es in der ›Welt von Gestern‹ den Anschein hat – der allerersten, so doch einer frühen Stunde, betrachtete es Zweig bald als seine Hauptaufgabe, mitten im Weltkrieg 1914/18 eine künftige Kooperation, den freien Austausch von Gedanken und Meinungen vorzubereiten. Konflikte waren ihm zuwider, und Polemiken so unerträglich, daß er später ins Zwielicht geriet, ihm von engagierten Nazigegnern kompromittierendes Schweigen und Taktieren vorgehalten wurde.

Daß Zweig antiideologisch dachte, sozusagen ein unpolitischer Kopf war, hinderte ihn nicht daran, katastrophale Entwicklungen vor seinen Zeitgenossen wahrzunehmen. 1934 verließ er, angesichts des aufkommenden Heimwehrfaschismus und des benachbarten nazideutschen Aggressionspotentials, den Wohnsitz Salzburg und Österreich Richtung England. Er wich einfach aus – ein Rückzug ohne Gefecht, wie er dem geharnischten Zivilisten wohl ansteht. Als der Krieg London zu erreichen drohte, zog er nach Bath, dann emigrierte er in die USA – und von dort nach Brasilien, das ihn mit allen Ehren aufnahm, die einem König im Exil gebühren.

In jeder Zeile merkt der Leser der ›Welt von Gestern‹, daß der Verfasser, dieser Gentleman des Lebens und der Literatur, der leise Moralist Stefan Zweig keine Zukunft mehr für sich sah. Ihm fehlte der Glaube an und die Hoffnung auf eine Welt von morgen. Längst war er in seinem paradiesischen Refugium Petropolis müde geworden, müde der dauernden Flucht, der Unsicherheit, des Schreckens rundum. Hinzu kam, wie der befreundete Joachim Maaß formulierte: »psychiatrisch geredet, eine Krise des Klimateriums«. Sein letztes, berührendstes Gedicht, ›Der Sechzigjährige dankt‹, endet mit der Strophe:

»Niemals glänzt der Ausblick freier
Als im Glast des Scheidelichts,
Nie liebt man das Leben treuer
Als im Schatten des Verzichts.«

Penibel wurden die irdischen Dinge geordnet, höflich bat man Helfer und Weggefährten der vergangenen Monate um Vergebung für die Umstände, die man ihnen verursachte. Hierauf, am 22. Februar 1942, nahmen Stefan Zweig und seine zweite Frau, Lotte, geborene Altmann, eine Überdosis Veronal. Sie schliefen ein, um nicht wieder zu erwachen. Den trefflichsten, weil gerechtesten Nachruf hat er sich selbst geschrieben, in ›Triumph und Tragik des Erasmus von Rotterdam‹, der Apotheose seines doppelgängerischen Vorläufers: »Aber wenn kein profunder, so war Erasmus doch ein ungewöhnlich weiter Geist, wenn kein Tiefdenker, so doch ein Richtigdenker, ein Helldenker und Freidenker im Sinne Voltaires und Lessings, ein vorbildlicher Versteher und Verständlichmacher, ein Aufklärer in des Wortes edelster Bedeutung.« Und: »Wir erblicken in ihm heute einen klugen, humanen, einen vielseitigen und vielförmigen, einen anregenden und anziehenden, aber keinen hinreißenden und weltumformenden Geist.«

Bibliographischer Nachweis

Felix Braun   Das Licht der Welt
   Aus: Felix Braun, Das Licht der Welt. Geschichte eines Versuches als Dichter zu
   leben. Thomas-Morus-Presse im Verlag Herder, Wien 1949, S. 457 ff.
Karl Kraus   Aus der ›Fackel‹
   Aus: Die Fackel, V (157), 19. 3. 1904, S. 23.
   Aus: Schnitzler-Feier. In: Die Fackel, XIV (351/352/353), Juni 1912, S. 88.
   Aus: Die Fackel, XIX (454–456), 1. April 1917, S. 42.
Hugo von Hofmannsthal   An Anton Kippenberg
   Rodaun d. 23 XI 06
   Aus: Hugo von Hofmannsthal, Briefwechsel mit dem Insel-Verlag 1901–1929.
   Hg. von Gerhard Schuster. Buchhändler-Vereinigung, Frankfurt am Main 1985,
   Sp. 204 f.
Arthur Schnitzler   Aus den Tagebüchern
   28/5/08
   Aus: Arthur Schnitzler, Tagebuch 1903–1908. Hg. von der Kommission für
   literarische Gebrauchsformen, Verlag der Österreichischen Akademie der
   Wissenschaften, Wien 1991, S. 336
Arthur Schnitzler   An Stefan Zweig
   Wien XVIII. Sternwartestrasse 71, 2. 12. 1914
   Aus: Stefan Zweig, Briefwechsel mit Hermann Bahr, Sigmund Freud, Rainer
   Maria Rilke und Arthur Schnitzler. Hg. von Jeffrey B. Berlin, Hans-Ulrich
   Lindken und Donald A. Prater. S. Fischer, Frankfurt am Main 1987, S. 386.
Hugo von Hofmannsthal   An Anton Kippenberg
   Bad-Aussee, am 22. Juli 1915
   Aus: Hugo von Hofmannsthal, Briefwechsel mit dem Insel-Verlag. Hg. von
   Gerhard Schuster. Buchhändler-Vereinigung, Frankfurt am Main 1985,
   Sp. 578.
Berta Zuckerkandl   Stefan Zweig 1915–1929
   Aus: Bertha Zuckerkandl, Österreich intim. Erinnerungen 1892–1942. Hg. von
   Reinhard Federmann. Propyläen Verlag, Frankfurt–Berlin–Wien 1970,
   S. 168 ff.
Robert Faesi   Erlebnisse – Ergebnisse
   Aus: Robert Faesi, Erlebnisse – Ergebnisse. Erinnerungen von R. F. Atlantis
   Verlag, Zürich 1963, S. 213–217.
Franz Blei   Das Steffzweig
   Aus: Franz Blei, Das große Bestiarium der Literatur. Insel-Verlag, Frankfurt am
   Main 1982, S. 75.

Hermann Bahr   Der Kampf mit dem Dämon
   Aus: Neue Freie Presse (Wien), 21. 5. 1925, S. 1 ff.

Karl Kraus   Pretiosen
   Aus: Die Fackel, XXVIII (726–729), Mai 1926, S. 55 f.
   Nachtrag aus: Die Fackel, XXXIII (864–867), Anfang Dezember 1931, S. 62.

Sigmund Freud   An Stefan Zweig
   4. Sept 26
   Aus: Stefan Zweig, Briefwechsel mit Hermann Bahr, Sigmund Freud, Rainer
   Maria Rilke und Arthur Schnitzler. Hg. von Jeffrey B. Berlin, Hans-Ulrich
   Lindken und Donald A. Prater. S. Fischer, Frankfurt am Main 1987,
   S. 175–180.

Arthur Schnitzler   An Stefan Zweig
   2. 10. 1926
   Aus: Stefan Zweig, Briefwechsel mit Hermann Bahr, Sigmund Freud, Rainer
   Maria Rilke und Arthur Schnitzler. Hg. von Jeffrey B. Berlin, Hans-Ulrich
   Lindken und Donald A. Prater. S. Fischer, Frankfurt am Main 1987, S. 422 f.

Leopold von Andrian   An Hugo von Hofmannsthal
   8. April, Ostersonntag 28
   Aus: Walter H. Perl (Hg.), Hugo von Hofmannsthal – Leopold von Andrian.
   Briefwechsel. S. Fischer, Frankfurt am Main 1968, S. 408 f.

Maxim Gorki   Über Stefan Zweig
   (Vorwort zur russischen Ausgabe der Erzählungen von Stefan Zweig)
   Aus: Kurt Böttcher (Hg.), Maxim Gorki – Stefan Zweig. Briefwechsel. Über-
   setzt von Irmgard Neugebauer. Insel-Verlag, Frankfurt am Main 1974,
   S. 109 ff.

Ernst Weiß   Ein Buch über Napoleons Polizeiminister. Stefan Zweig,
›Joseph Fouché‹
   Aus: Ernst Weiß, Die Kunst des Erzählens. Essays, Aufsätze, Schriften zur
   Literatur. (= Gesammelte Werke, hg. von Peter Engel und Volker Michels,
   Bd. 16). Suhrkamp, Frankfurt am Main 1982, S. 365–368.

Ernst Fischer   Triumph der Gesinnungslosigkeit. Die Geschichte des
Joseph Fouché
   Aus: Arbeiterwille (Graz), 6. 10. 1929, S. 3 f.

Siegfried Kracauer   Weltstadtjugend? – Brünstiger Zauber!
   Nebst einer Anmerkung über Literaturkritik
   Aus: Siegfried Kracauer, Schriften 5 / 2. Aufsätze (1927–1931). Hg.
   von Inka Mülder-Bach. Suhrkamp Verlag, Frankfurt am Main 1990, S. 220 f.,
   S. 223 f.

Friedrich Burschell   Wie erklären sich große Bucherfolge? Stefan Zweigs
Novellen
   Aus: Literaturblatt der Frankfurter Zeitung, 15. 3. 1931, S. 6.

L. W. (d. i. Ludwig Winder)   Die Heilung durch den Geist
   Aus: Deutsche Zeitung Bohemia (Prag), Sonntagsbeilage, 17. 5. 1931.

Emil Ludwig   Gruß an Stefan Zweig. Zum fünfzigsten Geburtstag
   Aus: Grüße an Stefan Zweig. In Chronikbeilage der ›Neuen Freien Presse‹
   (Wien), 28. 11. 1931, S. 10.

Moriz Scheyer   Stefan Zweig. Zum fünfzigsten Geburtstag
  Aus: Neues Wiener Tagblatt, 28. 11. 1931, S. 2 f.
Carl Zuckmayer   Horen der Freundschaft
  Aus: Carl Zuckmayer, Als wär's ein Stück von mir. Horen der Freundschaft.
  S. Fischer, Frankfurt am Main 1966, S. 49–53.
*Ein Brief Stefan Zweigs über die Kriegsgefahr. Und die Antwort der proletarisch-
revolutionären Schriftsteller*
  Aus: Die Rote Fahne (Wien), 17. 7. 1932.
Stefan Zweig ein Werkzeug von Anti-Sowjethetzern
  Aus: Die Rote Fahne (Wien), 24. 9. 1932.
Klaus Mann   Aus den Tagebüchern
  Aus: Klaus Mann, Tagebücher 1931 bis 1933. Hg. von Joachim Heimannsberg,
  Peter Laemmle und Wilfried F. Schoeller. edition spangenberg, München 1989,
  S. 89, S. 91, S. 92.
Klaus Mann   An Stefan Zweig
  19. 11. 32
  Aus: Klaus Mann, Briefe und Antworten 1922–1949. Hg. und mit einem Vor-
  wort von Martin Gregor-Dellin. edition spangenberg, München 1989, S. 80 f.
Hermann Hesse   An seine Schwester Marulla
  Chantarella, Februar 1931
  Aus: Hermann Hesse, Gesammelte Briefe. Zweiter Band 1922–1935. In
  Zusammenarbeit mit Heiner Hesse hg. von Ursula und Volker Michels.
  Suhrkamp Verlag, Frankfurt am Main 1979, S. 272.
Hermann Hesse   An Gottfried Bermann Fischer
  28. 1. 1933
  Aus: Hermann Hesse: Gesammelte Briefe. Zweiter Band 1922–1935.
  In Zusammenarbeit mit Heiner Hesse hg. von Ursula und Volker Michels.
  Suhrkamp Verlag, Frankfurt am Main 1979, S. 369.
Richard Strauss   An Anton Kippenberg
  Garmisch, 24. Januar 1933
  Aus: Bernhard Zeller (Hg.), Die Insel. Eine Ausstellung zur Geschichte des Ver-
  lages unter Anton und Katharina Kippenberg. (= Sonderausstellungen des Schil-
  ler-Nationalmuseums, Katalog Nr. 15). Deutsches Literaturarchiv im Schiller-
  Nationalmuseum, Marbach am Neckar 1965, S. 256.
Ernst Křenek   ›Die schweigsame Frau‹ in Graz
  Aus: Wiener Zeitung, 4. 2. 1936.
Thomas Mann   Aus den Tagebüchern
  Sonntag den 9. IV. 33, Lugano
  Aus: Thomas Mann, Tagebücher 1933–1934. Hg. von Peter de Mendelssohn.
  S. Fischer, Frankfurt am Main 1977, S. 44.
Klaus Mann   An Stefan Zweig
  Zürich, den 15. 9. 33
  Aus: Klaus Mann, Briefe und Antworten 1922–1949. Hg. und mit einem
  Vorwort von Martin Gregor-Dellin. edition spangenberg, München 1989,
  S. 134 f.

Ernst Fischer und Wieland Herzfelde   Briefe, die den Weg beleuchten
   Aus: Neue Deutsche Blätter (Prag), I (3), 1933, S. 134–139.
Joseph Roth   An Stefan Zweig
   7. November 1933
   Aus: Joseph Roth, Briefe 1911–1939. Hg. und eingeleitet von Hermann Kesten.
   Kiepenheuer & Witsch, Köln–Berlin 1970, S. 286–289.
Joseph Roth   An Stefan Zweig
   Nizza, 13. VII. 1934
   Aus: Joseph Roth, Briefe 1911–1939. Hg. und eingeleitet von Hermann Kesten.
   Kiepenheuer & Witsch, Köln–Berlin 1970, S. 353.
Klaus Mann   Aus den Tagebüchern
   25. VII. [1934]
   Aus: Klaus Mann, Tagebücher 1934 bis 1935. Hg. von Joachim Heimannsberg,
   Peter Laemmle und Wilfried F. Schoeller. edition spangenberg, München 1989,
   S. 43 f.
Thomas Mann   Aus den Tagebüchern
   Küsnacht, Sonntag den 29. VII. 34.
   Sonntag den 5. VIII. 34.
   Aus: Thomas Mann, Tagebücher 1933–1934. Hg. von Peter de Mendelssohn.
   S. Fischer, Frankfurt am Main 1977, S. 486 f. ; S. 497.
Ludwig Marcuse   Erasmus von Wien
   Aus: Das Neue Tage-Buch (Paris), II (33), 18. 8. 1934, S. 788 f.
Ludwig Marcuse   Mein zwanzigstes Jahrhundert
   Aus: Ludwig Marcuse, Mein zwanzigstes Jahrhundert. Auf dem Weg zu einer
   Autobiographie. Fischer Bücherei, Frankfurt am Main 1968, S. 201 f.
Robert Braun   Erinnerungen an Stefan Zweig
   Zu seinem 75. Geburtstag am 28. November 1956.
   Aus: Wiener Zeitung, 25. 11. 1956.
Egon Michael Salzer   Plauderei mit Stefan Zweig
   Aus: Neues Wiener Journal, 19. 8. 1934.
Hanns Eisler   Brecht und Stefan Zweig
   Aus: Hans Bunge, Fragen Sie mehr über Brecht. Hanns Eisler im Gespräch.
   Nachwort von Stephan Hermlin. Rogner & Bernhard, München 1970,
   S. 63–68.
   Die Auslassungen beziehen sich auf Brecht-Songs.
Joseph Gregor   Stefan Zweigs ›Maria Stuart‹
   Aus: Neue Freie Presse (Wien), 5. 5. 1935, S. 28 f.
Elias Canetti   Das Augenspiel
   Aus: Elias Canetti, Das Augenspiel. Lebensgeschichte 1931–1937. Carl Hanser
   Verlag, München–Wien 1985, S. 200 ff.
Erich Ebermayer   Persönliches und politisches Tagebuch
   Aus: Erich Ebermayer, Denn heute gehört uns Deutschland... Persönliches und
   politisches Tagebuch. Von der Machtergreifung bis zum 31. Dezember 1935.
   Paul Zsolnay, Hamburg–Wien 1959, S. 491 f.

Hermann Broch   An Stefan Zweig
   7. Juni 1936
   Aus: Hermann Broch: Briefe 1 (1913–1938). Dokumente und Kommentare zu
   Leben und Werk (= Kommentierte Werkausgabe Bd. 13/1). Hg. von Paul
   Michael Lützeler. Suhrkamp Verlag, Frankfurt am Main 1981, S. 423 ff.

Albert Ehrenstein   An Stefan Zweig
   Brissago 22. 6. 39
   Aus: Albert Ehrenstein, Werke. Hg. von Hanni Mittelmann. Band 1: Briefe.
   Verlag Klaus Boer, München 1989, S. 333.

Thomas Mann   Aus den Tagebüchern
   Princeton, Sonntag den 28. V. 39
   Aus: Thomas Mann, Tagebücher 1937–1939. Hg. von Peter de Mendelssohn.
   S. Fischer, Frankfurt 1980, S. 413.

Hans Mayer   Ein Deutscher auf Widerruf
   Aus: Hans Mayer, Ein Deutscher auf Widerruf. Erinnerungen. Band I. Suhrkamp Verlag, Frankfurt am Main 1982, S. 280.

Robert Musil   Der Auswurf der Demokratie
   Aus: Robert Musil, Tagebücher. Hg. von Adolf Frisé. Rowohlt Verlag,
   Reinbek bei Hamburg 1983, S. 903.

Robert Musil   An Barbara Church
   14. IV. 40
   Aus: Robert Musil, Briefe 1901–1942. Hg. von Adolf Frisé. Unter Mithilfe von
   Murray G. Hall. Rowohlt Verlag, Reinbek bei Hamburg 1981, S. 1182.

Robert Neumann   An Stefan Zweig
   21-2-42
   Aus: Austriaca. Cahiers universitaires d'information sur l'Autriche.
   Numéro 13, novembre 1981, S. 188 f.

Thomas Mann   Aus den Tagebüchern
   Pacif. Palisades, Montag, den 23. II. 42
   Aus: Thomas Mann, Tagebücher 1940–1943. Hg. von Peter de Mendelssohn.
   S. Fischer, Frankfurt am Main 1982, S. 397.

Thomas Mann   An Erika Mann
   Pacific Palisades, 24. 2. 1942
   Aus: Erika Mann, Briefe und Antworten. Band 1: 1922–1950. Hg. von Anna
   Zanco Prestel. Heinrich Ellermann Verlag, München 1984, S. 185.

Thomas Mann   Gedenkworte für den ›Aufbau‹
   Aus: Aufbau (New York), Friday, February 27, 1942, S. 15.

Thomas Mann   Aus den Tagebüchern
   Pacif. Palisades, Montag den 2. III. 42
   Aus: Thomas Mann, Tagebücher 1940–1943. Hg. von Peter de Mendelssohn.
   S. Fischer, Frankfurt am Main 1982, S. 400.

Thomas Mann   An Friderike Zweig
   Aus: Thomas Mann, Briefe 1937–1947. Hg. von Erika Mann. S. Fischer,
   Frankfurt am Main 1963, S. 280 f.

Alfred Polgar   Stefan Zweig zum Gedächtnis
  Aus: Alfred Polgar, Kleine Schriften, Band 4: Literatur. Hg. von Marcel
  Reich-Ranicki in Zusammenarbeit mit Ulrich Weinzierl. Rowohlt, Reinbek bei
  Hamburg 1984, S. 99.

Bruno Frank / Lion Feuchtwanger – Heinrich Mann   Stefan Zweig zum
Gedächtnis
  Aus: Aufbau (New York), Friday, February 27, 1942, S. 15.

Friedrich Torberg   Zum Selbstmord von Stefan Zweig
  Aus: Friedrich Torberg, Voreingenommen wie ich bin. Von Dichtern, Denkern
  und Autoren. Hg. von David Axmann und Marietta Torberg.
  Langen-Müller, München 1991, S. 204 f.

Egon Erwin Kisch   Über den Tod Stefan Zweigs
  Aus: Egon Erwin Kisch, Läuse auf dem Markt. Vermischte Prosa (= Gesammelte
  Werke in Einzelausgaben, hg. von Bodo Uhse und Gisela Kisch, fortgeführt von
  Fritz Hofmann und Josef Polácek). Aufbau-Verlag, Berlin und Weimar 1985,
  S. 172 ff.

Arnold Zweig   Nachruf auf Stefan Zweig 1943
  Aus: Arnold Zweig, Über Schriftsteller. Ausgewählt und mit einem Geleitwort
  von Heinz Kamnitzer. Aufbau-Verlag, Berlin und Weimar 1967, S. 152–156.

Wolfgang Yourgrau   Marche macabre: Wien
  Aus: Orient, Unabhängige Wochenschrift. Unter Mitarbeit von Arnold Zweig
  und Wolfgang Yourgrau. Haifa, 8. 5. 1942, S. 1–4.
  In den hier ausgelassenen Passagen befaßt sich Yourgrau mit Karl Kraus und
  dem österreichischen Sozialdemokraten Otto Bauer.

Petar Vajda   Gespräch mit Hermann Hesse
  Petar Vajda: Gespräch mit Hermann Hesse, geführt am 11. Feber 1961 in seiner
  Villa in Montagnola oberhalb Lugano in der Schweiz
  Aus: Petar Vajda, Stefan Zweig in den Augen seiner Freunde. Gespräche mit
  Felix Braun, Ernst Benedikt, Hermann Hesse und Franz Theodor Csokor. In:
  Österreich in Geschichte und Literatur, X (6), Juni 1966, S. 307–312, S. 312.

Hannah Arendt   Juden in der Welt von gestern
  Aus: Hannah Arendt, Juden in der Welt von gestern. Anläßlich Stefan Zweig,
  The World of Yesterday, an Autobiography. In: Hannah Arendt, Die verbor-
  gene Tradition. Acht Essays. suhrkamp taschenbuch 303, Frankfurt am Main
  1976, S. 74–87, S. 74–77.

Robert Neumann   Stefan Zweigs Literatur en gros
  Aus: Robert Neumann, Ein leichtes Leben. Bericht über mich selbst und
  Zeitgenossen. Verlag Kurt Desch, Wien–München–Basel 1963, S. 114–119.

Max von der Grün   Über Stefan Zweig
  Aus: Max von der Grün: Nachwort zu: Knut Beck (Hg.): Das Stefan Zweig
  Buch. S. Fischer Verlag, Frankfurt am Main 1981, S. 395 ff.

Egon Schwarz   Hilflos. Stefan Zweigs Briefe
  (Stefan Zweig: Briefe an Freunde. Hg. von Richard Friedenthal, S. Fischer
  1978)
  Aus: Frankfurter Allgemeine Zeitung, 24. 2. 1979.

Joachim Kaiser   Kassandra, schwärmerisch. Zum 100. Geburtstag von
Stefan Zweig
Aus: Süddeutsche Zeitung (München), 28. 11. 1981.
Hilde Spiel   Ein Ruhm von gestern. Zum 100. Geburtstag von Stefan Zweig
Aus: Frankfurter Allgemeine Zeitung, Bilder und Zeiten, 28. 11. 1981.
Manfred Vogel   Stefan Zweig aus dem Nachlaß (›Rausch der Verwandlung‹)
Aus: Wochenpresse (Wien), 21. 9. 1982.
Andreas Simmen   Stefan Zweigs subrealistische Geschichtsschreibung
Aus: Andreas Simmen, Stefan Zweigs subrealistische Geschichtsschreibung oder
Die Ekstasen dieses braven Mannes. In: Foehn, Heft 1, September 1984,
S. 18–27; S. 19, S. 25 ff.
Michael Althen   Die toten Jahre. ›Clarissa‹, ein Romanentwurf von Stefan
Zweig
Aus: Süddeutsche Zeitung (München), 5. 12. 1990.
Ulrich Weinzierl   Triumph und Tragik des Stefan Zweig
Originalbeitrag. Basiert teilweise auf einem Vorwort für die Ausgabe des Deut-
schen Bücherbundes der ›Welt von Gestern‹ in der von Walter Jens und Marcel
Reich-Ranicki herausgegebenen Bibliothek des 20. Jahrhunderts.

Danksagung

Für hilfreiche Hinweise und Materialbeschaffung dankt der Herausgeber Peter Michael Braunwarth, Herbert Exenberger und Dr. Eckart Früh. Besonderer Dank für die großzügige Erlaubnis zur Benützung ihrer Bestände gebührt der Dokumentation der Arbeiterkammer, der Dokumentationsstelle für neuere österreichische Literatur, dem Dokumentationsarchiv des österreichischen Widerstands und der Österreichischen Nationalbibliothek (alle Wien). Knut Beck (Frankfurt) hat diese Arbeit freundschaftlich gefördert.

Register

Stefan Zweig

Fischer Taschenbuch Verlag

Stefan Zweig

Fischer Taschenbuch Verlag

fi 191/5b